100
infos à connaître

LA CONQUÊTE SPATIALE

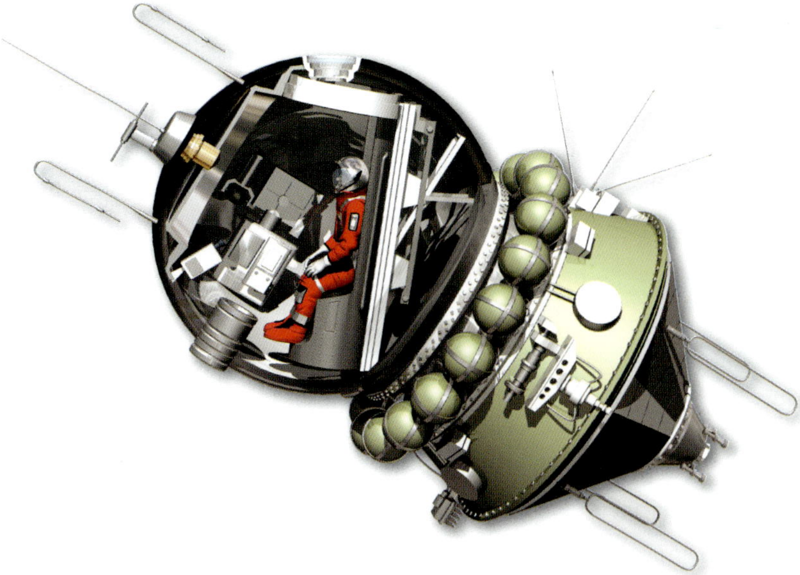

Piccolia

100 infos à connaître

LA CONQUÊTE SPATIALE

Steve Parker

Consultant : Clint Twist

Piccolia

5, rue d'Alembert
91240 Saint-Michel-sur-Orge
Dépôt légal : 1er trimestre 2012
Loi n°49-956 du 16 juillet 1949
sur les publications destinées à la jeunesse.
Imprimé en Chine

Remerciements aux artistes qui ont contribué à l'élaboration de ce titre :

Julian Baker, Mike Foster (Maltings Partnership), Alex Pang, Rocket Design, Mike Saunders
Couverture : NASA/JPL/Cornell University/Maas Digital, NASA, NASA/Goddard Space Flight Center Scientific Visualization Studio, NASA.
Alamy 29 Keith Morris Corbis 15 Roger Ressmeye, 25 Michael Benson/Kinetikon Pictures, 34 Bill Ingalls/NASA/Handout/CNP, 35 Roger Ressmeyer European Space Agency (ESA) 2–3 Alex Lutkus, 18 D. Ducros, 33 Mars Express D. Ducros, 34–35, 37 2007 MPS/DLR-PF/IDA, 43 ESA/NASA/JPL/University of Arizona, 45 C. Carreau, AOES Medialab, Fotolia.com 8 D.aniel Getty 31 Time & Life Pictures, 30–31 SSPL via Getty Images, 42 Time & Life Pictures iStockphoto.com 14–15 Nicholas Belton, 22 Jan Rysavy NASA 5(main), JPL, 9 JPL-Caltech, 13, 14 JPL-Caltech, NASA Langley Research Center (NASA-LaRC), 14–15, 18, 18–19 Johns Hopkins University Applied Physics Laboratory/Southwest Research Institute, 20 JPL/University of Arizona, 20–21 oval insets JPL, 22, 23 Saturn JPL, Comet Borrelly JPL, Uranus, Neptune, Voyager 2 gold disk, Deep Space 1, 24 STEREO, 25, 27, 30 JPL/Cornell, 32–33 JPL/Cornell, 32 Goddard Space Flight Center Scientific Visualization Studio, Mariner 4 JPL, Mariner 9 JPL, Mars 3 Russian Space Research Institute (IKI), Viking lander, Mars Global Surveyor, 33 Sojourner JPL-Caltech, Spirit/Opportunity rover JPL, Mars Reconnaissance Orbiter JPL, 34–35, 39, 41, 44 Johns Hopkins University Applied Physics Laboratory/Southwest Research Institute, 45, 46–47 JPL-Caltech/T. Pyle (SSC) Rex Features 27, 35 NASA, 46 Everett Collection, c.Paramount/Everett, 47 KeystoneUSA-ZUMA Reuters 9 Kimimasa Mayama Science Photo Library 6–7 European Space Agency, 11 NASA, 16–17 David Ducros, 19 David Parker, 27 NASA, 28 Detlev Van Ravenswaay, 30–31, 33 NASA/JPL/UA/Lockheed Martin, NASA/JPL-Caltech, NASA/JPL/UA/Lockheed Martin, 36 SOHO/ESA/NASA, 37 NASA, 38 Chris Butler, 41 NASA/JPL, Shutterstock.com 8–9 pio3, 10–11 Phase4Photography, 12–13 SURABKY, 19 jamie cross, 18–19 plavusa87, 22–23 plavusa87.

Imprimé sur papier issu de forêts gérées durablement.

Sommaire

Repousser l'impossible…

1 Pendant des milliers d'années, les hommes ont observé le ciel en se demandant ce que serait l'exploration de l'espace. C'est devenu une réalité, il y a 50 ans environ. Depuis, les humains sont allés sur la Lune, et des engins spatiaux inhabités ont visité les planètes du système solaire, certains satellites naturels, des astéroïdes et des comètes. Ces découvertes étonnantes sont essentielles pour comprendre l'Univers.

▶ Le satellite INTEGRAL de l'ESA, lancé en 2002 par une fusée Proton, captent les rayons gamma émis par les objets célestes, invisibles dans l'atmosphère terrestre. Depuis 1957, les humains ont envoyé des engins spatiaux vers les huit planètes du système solaire, ainsi que vers plus de cinquante lunes, astéroïdes et comètes.

Pourquoi explore-t-on ?

2 L'exploration spatiale implique l'envoi d'une embarcation et d'équipements vers les planètes, les lunes, les astéroïdes et les comètes. Certains de ces engins survolent leurs objectifs, tandis que d'autres atterrissent. Durant leur exploration, ils recueillent des informations qu'ils envoient sur Terre.

INCROYABLE !

La mission Cassini-Huygens vers Saturne est la mission la plus coûteuse jamais entreprise. Elle avoisine les 3,3 milliards de dollars, une somme partagée entre les agences spatiales américaine et européenne.

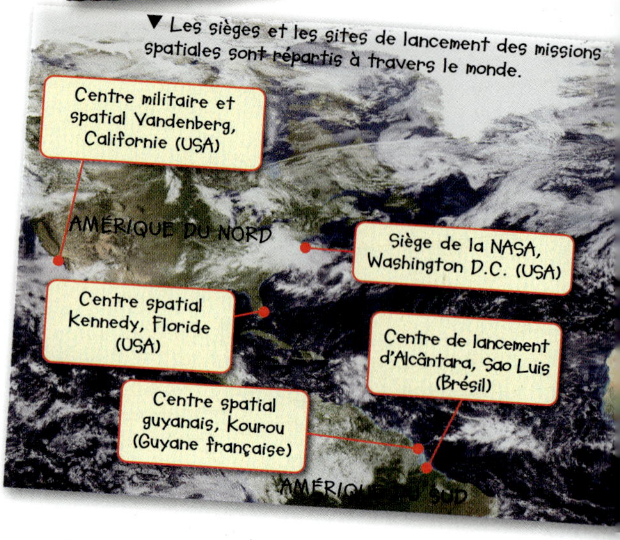

▼ Les sièges et les sites de lancement des missions spatiales sont répartis à travers le monde.

3 L'exploration spatiale est différente des autres sciences de l'espace. Par exemple, l'astronomie a pour but l'étude des astres, visibles à l'œil nu ou grâce aux télescopes. Mais cette discipline n'implique pas nécessairement des voyages dans l'espace.

▼ Pour observer l'espace depuis la Terre, les astronomes utilisent d'énormes télescopes extrêmement puissants.

4 L'exploration spatiale est compliquée et particulièrement coûteuse. Seules les grandes puissances comme les États-Unis, la Russie, le Japon et l'Europe envoient des embarcations dans l'espace. Récemment, la Chine et l'Inde sont entrés dans le club très restreint de l'exploration spatiale.

5 Même l'envoi d'une petite sonde coûte extrêmement cher.

La mission japonaise Hayabusa, visant à rapporter des échantillons du petit astéroïde Itokawa, a commencé en 2003. Elle a duré sept ans et a coûté près de 120 millions d'euros ! Quant à l'envoi de l'atterrisseur Phoenix sur Mars, en 2008, il a coûté encore plus cher : environ 304 millions d'euros !

▶ La sonde spatiale Hayabusa a décollé du Centre spatial de Uchinoura, au Japon, en 2003. Elle est revenue sur Terre en 2010, rapportant avec elle des échantillons de l'astéroïde Itokawa.

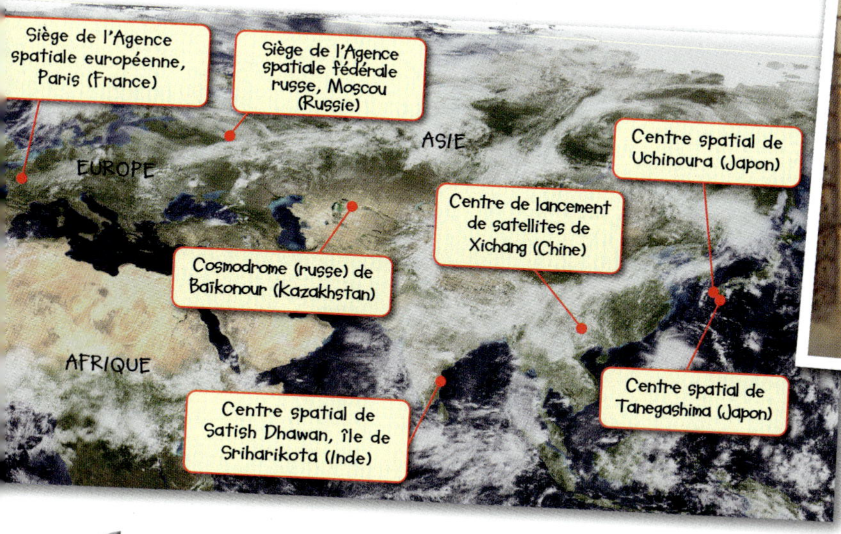

6 Alors, pourquoi explorons-nous l'espace ?

L'exploration spatiale nous fournit des renseignements sur la création de l'Univers. De plus, les progrès des technologies en aérospatiale permettent aussi des avancées techniques sur Terre comme les satellites de communication et surtout les réseaux téléphoniques « sans fil ».

▼ Des observations spatiales récentes laissent à penser que des étoiles lointaines auraient des planètes se formant autour d'elles, à partir de gaz, de poussières et de roches, comme pour notre propre système solaire.

Les premiers explorateurs

7 L'exploration spatiale commence en 1957 lorsque la Russie lance Spoutnik 1, le premier satellite en orbite autour de la Terre. Il devait étudier la propagation des ondes dans l'atmosphère et fournir des informations sur la forme exacte de la Terre.

8 En 1958, les États-Unis lancent le satellite Explorer 1. En orbite autour de la Terre, il a détecté des ceintures de particules de haute énergie, connues sous le nom de ceintures de Van Allen. Elles peuvent endommager les engins spatiaux et interférer avec les signaux radio.

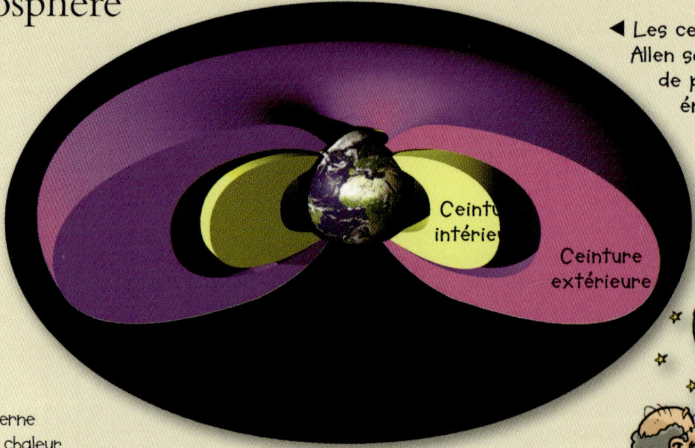

◀ Les ceintures de Van Allen sont constituées de particules énergétiques, piégées par le champ magnétique terrestre.

▼ Le suivi de l'orbite de Spoutnik 1 a montré comment la haute atmosphère de la Terre disparaissait dans l'espace.

9 En 1959, la sonde russe Luna 1 se contente de survoler la Lune, alors qu'elle devait y atterrir. Plus tard, cette même année, Luna 2 percute le sol lunaire après 33 heures de vol, devenant alors le premier engin construit par des humains à atteindre un autre corps céleste.

QUIZ

L'exploration de l'espace a été marquée, à ses débuts, par une forte concurrence entre les États-Unis et la Russie. Laquelle de ces deux puissances a été la première à envoyer :

1. Le premier satellite dans l'espace ?
2. Le premier être vivant dans l'espace ?
3. La première sonde sur la Lune ?
4. Le premier être vivant sur la Lune ?

Réponses :
1, 2, 3 : Russie – 4 : Les États-Unis

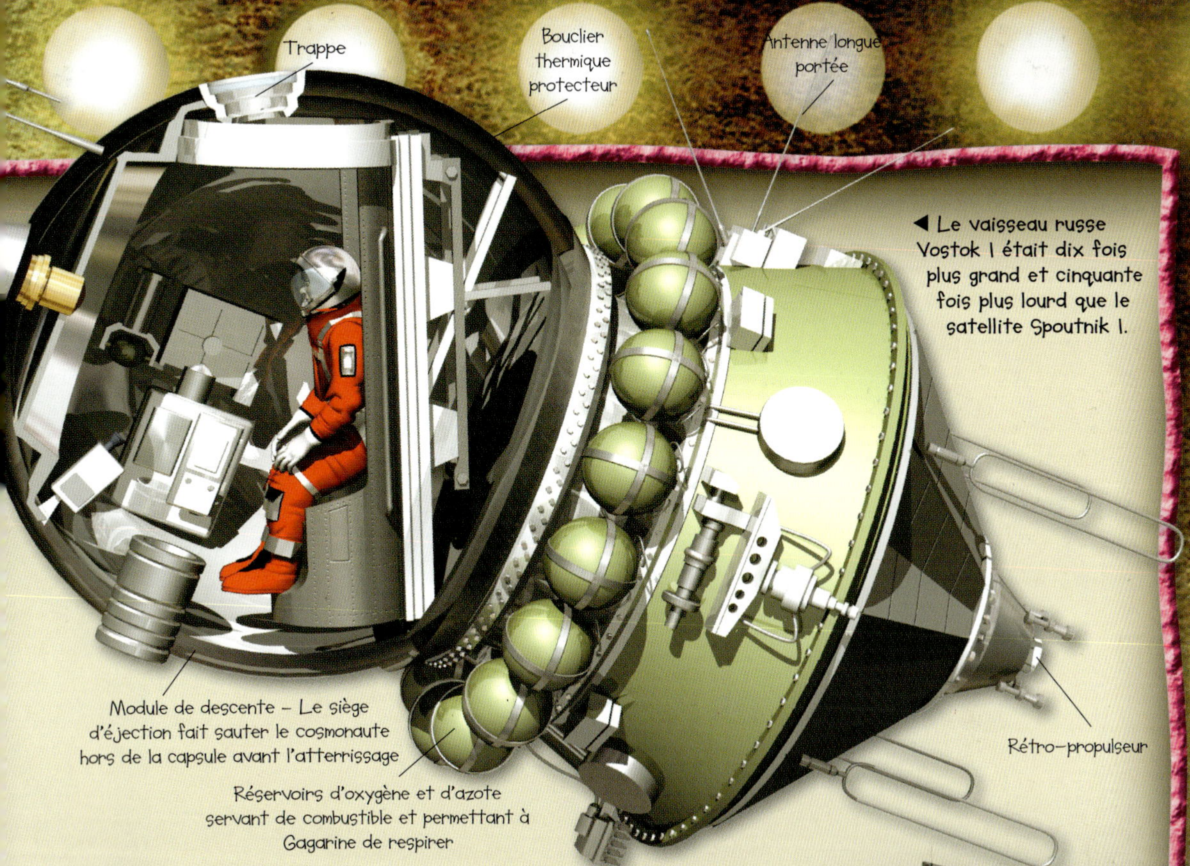

◀ Le vaisseau russe Vostok 1 était dix fois plus grand et cinquante fois plus lourd que le satellite Spoutnik 1.

10 Le cosmonaute russe Youri Gagarine est le premier homme à avoir effectué un vol dans l'espace. En 1961, il effectue un tour de la Terre au sein du vaisseau spatial Vostok 1. Ce voyage, d'une durée d'1 heure et 48 minutes, va faire les gros titres des journaux du monde entier et prouver que les humains peuvent survivre dans l'espace.

▶ Surveyor 3, qui s'est posé sur la Lune le 20 avril 1967, a été photographié par les astronautes d'Apollo 12 en novembre 1969.

11 Entre 1966 et 1968, les États-Unis ont envoyé sept sondes Surveyor sur la Lune. Cinq ont réussi à atterrir sur la surface, sans être détruites. Ce fut une étape importante de l'exploration lunaire : ces sondes ont permis de préparer les missions du programme Apollo, dont le but était d'envoyer un homme sur la Lune.

Un homme sur la Lune !

12 Dans le cadre du programme Apollo, douze astronautes américains ont marché sur la Lune, de 1969 à 1972, lors de six missions différentes. Le 20 juillet 1969, Neil Armstrong et Buzz Aldrin, d'Apollo 11, ont effectué les premiers pas de l'homme sur la surface lunaire.

13 Les missions Apollo avaient toutes pour objectif de poser un équipage en différents points de la Lune, présentant un intérêt géologique. Durant plusieurs heures, les astronautes ont exploré le sol lunaire afin de collecter des échantillons de poussières et de roches, qui ont été analysés sur Terre.

14 Les trois dernières missions Apollo ont apporté sur la Lune un rover (petit engin tout-terrain). Grâce à lui, les astronautes purent explorer un plus grand nombre de sites. Au total, les trois rovers ont parcouru 91,7 Km sur la Lune.

15 **Depuis les missions Apollo, plus de cinquante engins spatiaux non habités ont orbité autour ou se sont posés sur la Lune.** En 1994, l'orbiteur américain Clementine a pris de nombreuses images de la surface lunaire, afin de connaître sa composition minérale.

◀ En 1971, James Irwin, le pilote du module lunaire d'Apollo 15, salue le drapeau américain qu'il vient de planter. L'atterrisseur du module lunaire est au fond et le rover lunaire, à droite.

MISSION	DATE		RÉALISATION
Apollo 11	juillet 1969	Neil Armstrong (C) Buzz Aldrin (LMP) Michael Collins (CMP)	Premiers pas sur la Lune
Apollo 12	novembre 1969	Pete Conrad (C) Alan Bean (LMP) Richard Gordon (CMP)	Première caméra couleur emportée sur la Lune
Apollo 13	avril 1970	Jim Lovell (C) Fred Haise (LMP) Jack Swigert (CMP)	Apollo 13 a interrompu sa mission après l'explosion d'un réservoir d'oxygène
Apollo 14	janvier-février 1971	Alan Bartlett Shepard Jr (C) Edgar Dean Mitchell (LMP) Stuart Allen Roosa (CMP)	Excursions lunaires plus longues grâce à des combinaisons spatiales améliorées
Apollo 15	juillet-août 1971	David R. Scott (C) James B. Irwin (LMP) Alfred M. Worden (CMP)	Première utilisation d'un rover lunaire
Apollo 16	avril 1972	John W. Young (C) Charles Duke (LMP) Thomas Mattingly (CMP)	Première mission à atterrir sur les hauts-plateaux lunaires
Apollo 17	décembre 1972	Eugene Cernan (C) Harrison H. Schmitt (LMP) Ronald Evans (CMP)	A ramené le plus de roches lunaires (110 kg) et a effectué les plus longues sorties (22 au total)

16 **En 2009, la sonde Lunar Reconnaissance Orbiter a entamé une cartographie détaillée de la Lune.** Ses images ont même montré des pièces du programme Apollo, laissées par les astronautes ! Lancé en 2008, le satellite indien Chandrayaan-1 a découvert la présence de molécules d'eau sur le sol lunaire.

◀ Lors des missions Apollo, le commandant (C) et le pilote du module lunaire (LMP) atterrissaient sur la Lune, tandis que le pilote du module de commande (CMP) restait dans l'engin en orbite.

Préparatifs

17 La planification d'une mission spatiale prend de nombreuses années. Les scientifiques suggèrent les endroits à explorer, évaluent le coût et soumettent leur projet au gouvernement qui le valide ou non.

▲ En 1961, l'ingénieur spatial John Houbolt développa l'idée d'utiliser une seule fusée, lançant trois vaisseaux, pour les missions Apollo.

▲ Le parachute de Mars Science Laboratory, prochain rover à être envoyé sur Mars en 2012, a été testé dans la plus grande soufflerie au monde située en Californie.

18 Il existe plusieurs types de missions exploratoires. L'engin spatial peut survoler l'objet étudié, se déplacer en orbite autour de la cible ou atterrir sur sa surface. L'atterrisseur, qui se pose sur le sol d'un astre, peut emporter à son bord un rover qui explorera les environs.

19 Les positions en constante évolution de la Terre et des astres dans l'espace impliquent qu'il y a une « fenêtre de lancement » limitée pour chaque mission. Cela correspond au moment où la Terre est dans la meilleure position pour qu'un engin spatial atteigne sa cible dans les plus brefs délais.

▼ Avant son lancement vers Pluton en 2006, l'engin spatial New Horizons a été assemblé dans des conditions de propreté optimales, afin d'éviter les particules de poussière.

20 Dans l'espace, les réparations des engins spatiaux sont difficiles, voire impossibles. Ceux-ci doivent donc être extrêmement fiables. Toutefois, pour la première fois, en 2005, une navette spatiale a été réparée dans l'espace : un astronaute a du se placer sous l'engin Discovery afin de réparer.

INCROYABLE !
Le robot sous-marin Endurance, qui pourra peut-être un jour explorer le vaste océan d'Europe, l'une des lunes de Jupiter, a été testé dans les lacs gelés de l'Antarctique.

21 Chaque engin spatial est construit de manière à ce qu'il puisse affronter les conditions particulières qu'il va rencontrer. Ainsi, s'il fait incroyablement froid dans l'espace, la planète Vénus peut, quant à elle, atteindre les 465 °C ! Les sondes qui s'y posent ont donc une durée de vie particulièrement limitée.

▶ La sonde Galileo a été lancée vers Jupiter en 1989. Bien qu'elle soit défectueuse, son antenne principale ne s'est pas déployée, cette sonde a pu fournir de précieuses données.

22 Les prototypes d'engins spatiaux sont testés sur Terre. S'ils sont conformes, ils seront construits et assemblés dans des conditions strictes : car une vis desserrée ou un grain de poussière peuvent provoquer une catastrophe. Et il n'y a pas de seconde chance une fois la mission lancée.

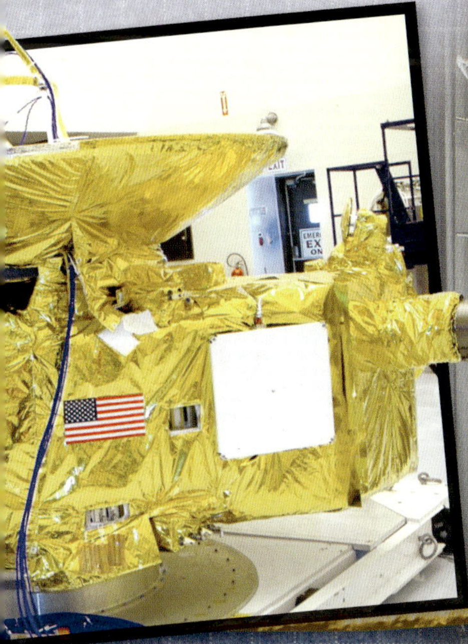

Décollage !

23 Un engin spatial est propulsé dans l'espace par une fusée, le seul véhicule assez puissant pour atteindre la « vitesse de libération ». Il s'agit de la vitesse nécessaire pour s'extraire de l'attraction gravitationnelle de la Terre. Généralement, la sonde est placée dans la pointe de la fusée.

25 L'engin spatial et les autres objets transportés par la fusée sont appelés « charge utile ». La plupart des fusées transportent leur charge utile en orbite autour de la Terre. La coiffe s'ouvre pour libérer le matériel stocké à l'intérieur. Certains éléments se déplient, comme les panneaux solaires qui transforment la lumière du Soleil en électricité.

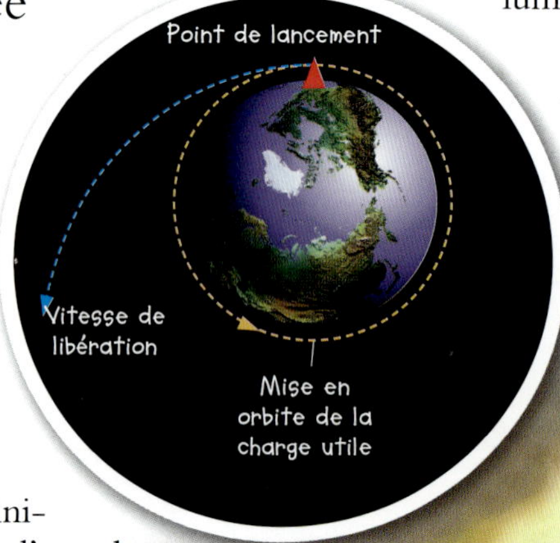

◄ Les fusées doivent rapidement atteindre la vitesse de libération (11,2 km par seconde) afin de s'extraire de l'attraction gravitationnelle de la Terre.

24 Selon la taille des engins envoyés dans l'espace, on utilise différents types de fusées. La mission Cassini-Huygens, vers Saturne, fut l'une des plus lourdes. Lors de son lancement en 1997, chargée de son carburant et des équipements, elle pesait 5 712 kg ! L'énorme lanceur Titan IV, d'une hauteur de 44 m, a été nécessaire pour l'envoyer dans l'espace.

DEUXIÈME ÉTAGE (S-II)
La section intermédiaire possédait cinq moteurs J-2. Elle mesurait 25 m de haut et, comme pour la partie inférieure, 10 m de diamètre.

PREMIER ÉTAGE (S-IC)
La partie inférieure de Saturn V mesurait 42 m de haut, pour 10 m de diamètre. Les cinq moteurs F-1 propulsaient la fusée pendant les 60 premiers km d'ascension.

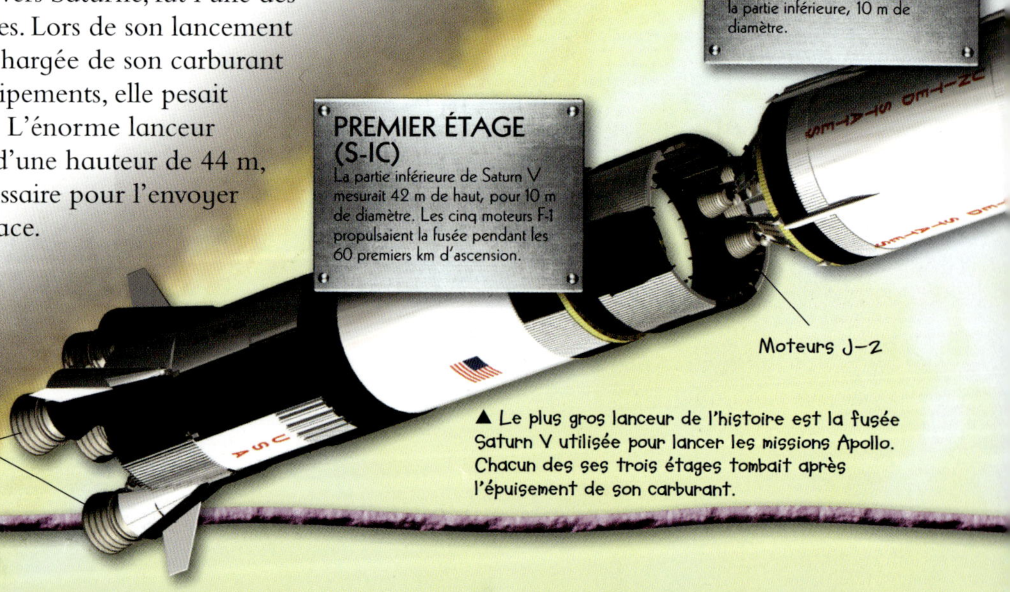

▲ Le plus gros lanceur de l'histoire est la fusée Saturn V utilisée pour lancer les missions Apollo. Chacun des ses trois étages tombait après l'épuisement de son carburant.

▶ Le lanceur européen Ariane 5 est équipé d'un moteur principal et de deux propulseurs. Ces derniers fournissent une forte poussée pendant environ 2 minutes, puis se détachent.

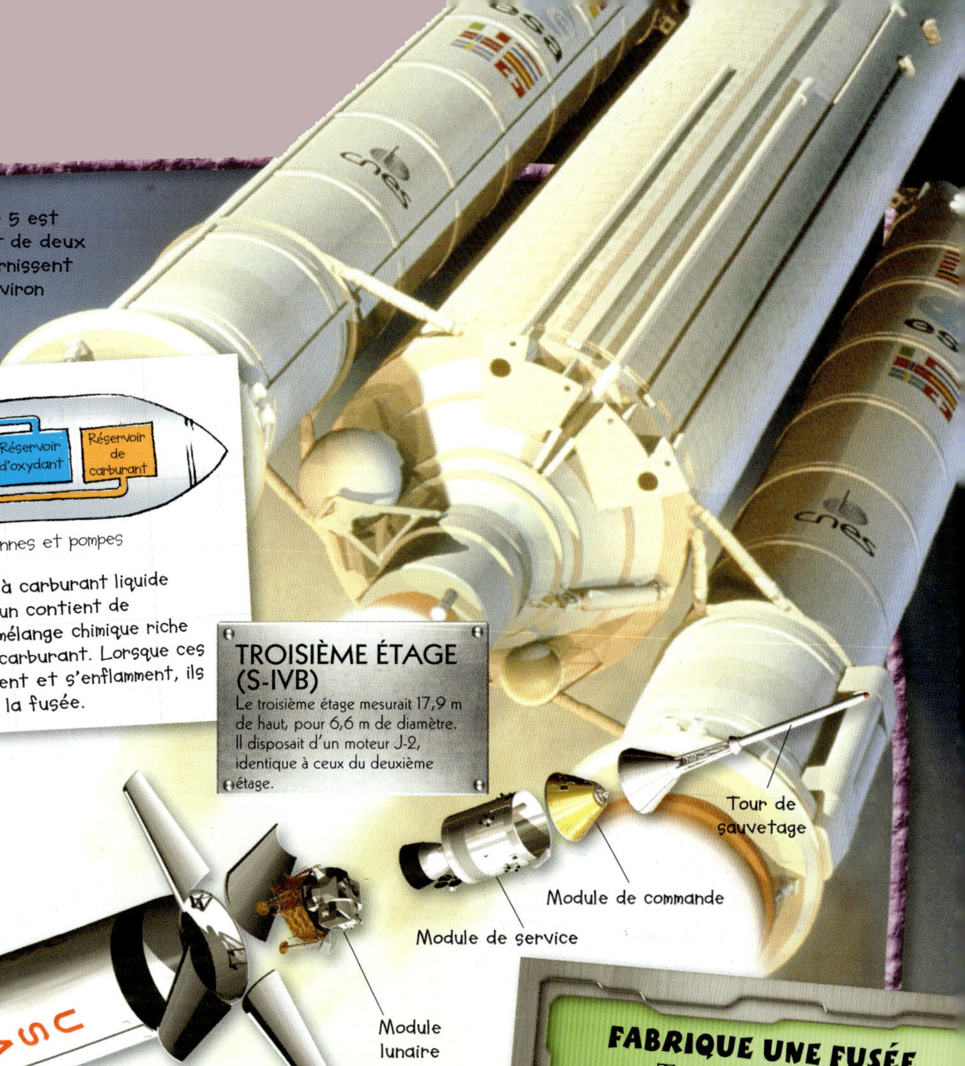

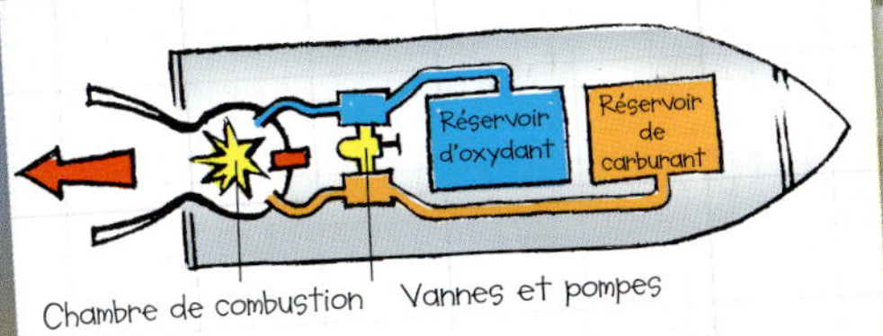

▲ Les moteurs-fusées à carburant liquide ont deux réservoirs : l'un contient de l'oxygène liquide ou un mélange chimique riche en oxygène, l'autre du carburant. Lorsque ces deux liquides se mélangent et s'enflamment, ils créent la propulsion de la fusée.

TROISIÈME ÉTAGE (S-IVB)

Le troisième étage mesurait 17,9 m de haut, pour 6,6 m de diamètre. Il disposait d'un moteur J-2, identique à ceux du deuxième étage.

26 **Afin de vérifier que les moteurs, les communications radio et les instruments scientifiques fonctionnent, les fusées et lanceurs sont testés en orbite autour de la Terre.** S'il y a le moindre dysfonctionnement, les concepteurs retravaillent et perfectionnent l'embarcation. Une fois les tests réussis, celle-ci peut enfin entamer son long voyage dans l'espace.

FABRIQUE UNE FUSÉE

Tu as besoin de :
une feuille de bristol - un tube en carton - du ruban adhésif une paire de ciseaux

Utilise le tube en carton pour faire le corps principal de la fusée. Avec le papier bristol, fais une forme en cône et colle-la à une des extrémités du tube : c'est la pointe de la fusée. Ajoute des ailettes en collant, à la base, quatre grands triangles en bristol. Paré au décollage ?

Voyage dans l'espace

27 La plupart des engins spatiaux voyagent pendant des mois, voire même des années. La mission Mars Express a été réalisée plus rapidement qu'aucune autre mission comparable : six ans de préparation et six mois de voyage dans l'espace.

INCROYABLE !
Lancée en 1988, la sonde spatiale Deep Space 1 avait pour mission de survoler l'astéroïde Braille et la comète Borrelly. Dotée d'un moteur ionique, alimenté par des panneaux solaires, elle a voyagé pendant plus de trois ans.

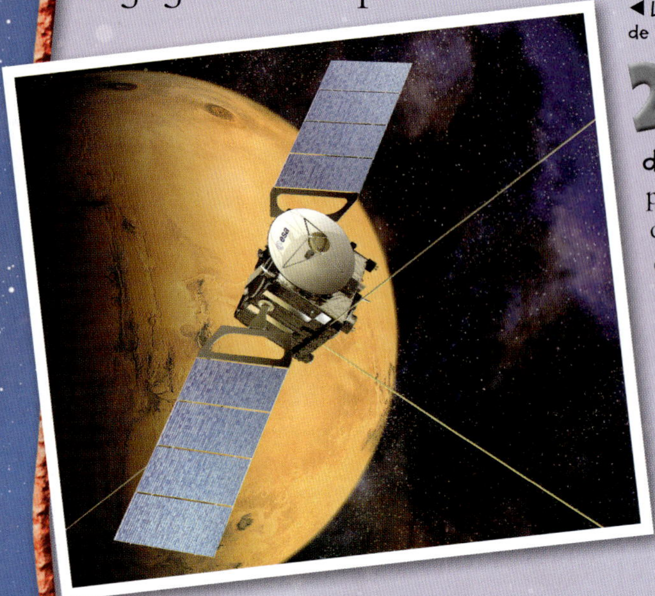

◀ Lancée en 2003, Mars Express a réalisé un périple de 400 millions de kilomètres pour rejoindre Mars.

28 La trajectoire d'un engin spatial doit être calculée de façon précise. Une petite erreur pourrait impliquer qu'il manque sa cible de plusieurs millions de kilomètres ! Les contrôleurs de mission sur Terre vérifient régulièrement la position de l'embarcation à l'aide du réseau Deep Space Network (DSN). Constitué de trois énormes antennes radio situées en Californie, à Madrid et à Canberra, il contrôle à distance les engins spatiaux.

29 Les engins spatiaux n'ont pas besoin de gros moteurs puisqu'il n'y a pas d'air dans l'espace pour les ralentir. Selon la distance à parcourir, différents types de moteurs et de carburants sont utilisés. Dans le propulseur ionique, de minuscules particules, appelées ions, sont projetées vers l'arrière, poussant l'embarcation vers l'avant. Ce type de moteur est particulièrement économe.

▼ Ce propulseur ionique est actuellement testé dans une chambre à vide. La lueur bleue est le faisceau d'atomes électriquement chargés rejetés hors du moteur.

◀ Les grandes antennes paraboliques, comme sur la sonde New Horizons, assurent la liaison avec la Terre.

30 **Lors de sa mission, un engin spatial passe souvent à proximité de corps célestes.** Ces astres, qui ont une force gravitationnelle, peuvent le dévier de sa trajectoire. Toutefois, cette attraction peut aussi être utilisée pour propulser l'engin dans une nouvelle direction, afin d'économiser le carburant. C'est ce que l'on appelle un survol par assistance gravitationnelle.

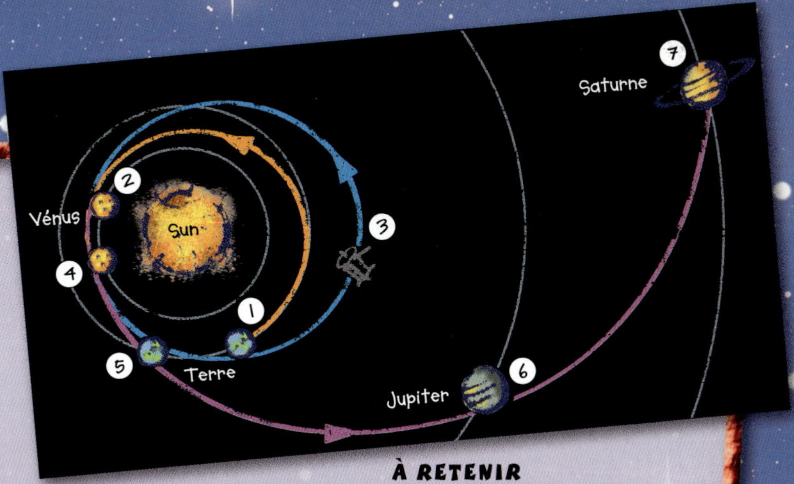

▲Le voyage de Cassini-Huygens vers Saturne a utilisé à quatre reprises l'assistance gravitationnelle :
1. de Vénus (en orange),
2. de Vénus (en bleu),
3. de la Terre,
4. de Jupiter vers Saturne (en violet).

À RETENIR

1. Octobre 1997 Lancement depuis la Terre
2. Avril 1998 Premier survol de Vénus
3. Décembre 1998 Mise en route du moteur pendant 90 min pour revenir vers Vénus
4. Juin 1999 Deuxième survol de Vénus
5. Août 1999 Survol de la Terre
6. Décembre 2000 Survol de Jupiter
7. Juillet 2004 Se place en orbite autour de Saturne

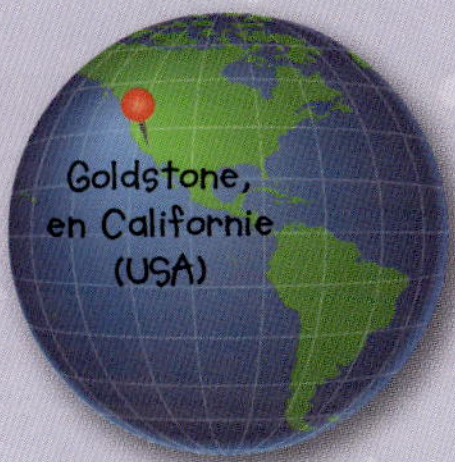

◀ Les trois sites du réseau Deep Space Network sont espacés d'environ 120 degrés en longitude : cela permet une couverture continue des sondes spatiales.

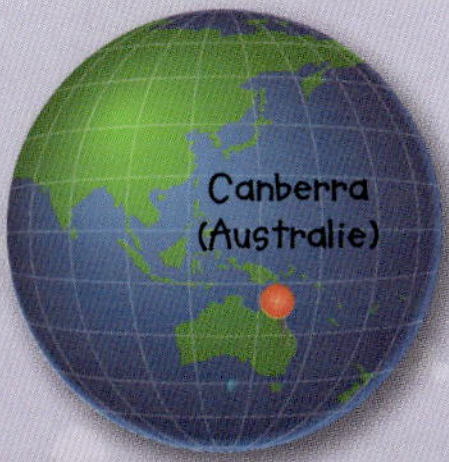

31 **Afin d'économiser l'électricité d'un engin spatial, il arrive que les scientifiques qui le contrôlent le mettent en « hibernation ».** Comme un téléphone mobile en veille, l'embarcation est placée dans un sommeil profond : seuls l'ordinateur de bord et quelques appareils essentiels restent actifs.

▶ L'antenne parabolique du Deep Space Network, à Goldstone, en Californie, mesure 70 m de diamètre.

L'exploration

32 Lorsque l'engin spatial se rapproche de son objectif, ses systèmes sont de nouveau alimentés en électricité. Pendant plusieurs semaines, les contrôleurs de mission vont progressivement réactiver l'embarcation, et notamment les communications radio qui la relient à la Terre.

33 Les appareils photo sont des instruments essentiels à bord d'un engin spatial. Certains fonctionnent comme des télescopes et prennent des vues rapprochées ou agrandies d'une petite zone. D'autres, les appareils photo grand angle, sont utilisés pour capturer un paysage dans son ensemble, sous la forme d'un panorama.

34 Des équipements particuliers placés sur l'engin spatial, peuvent détecter des types d'ondes qui sont invisibles pour l'œil humain. Il s'agit notamment des rayons infrarouges, des ondes radio et des rayons X et ultraviolets, qui fournissent des informations précises sur le monde cible, telles que sa température.

▼ La sonde Mars Reconnaissance Orbiter a pris cette photographie en haute résolution du cratère Victoria. Large de 800 m, il a conservé les traces de roues laissées par le rover Opportunity, lors de sa visite de Mars en 2008.

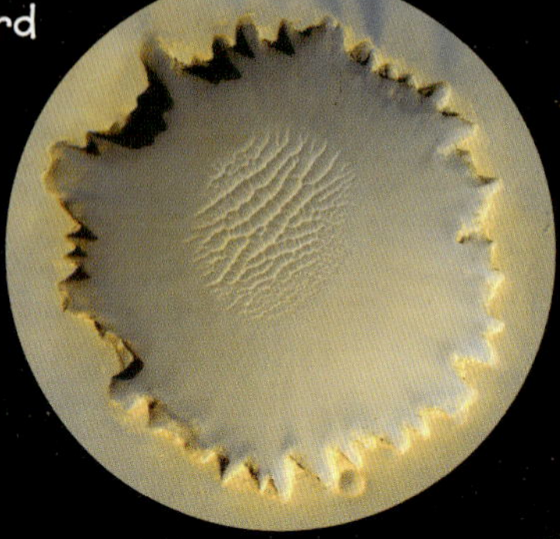

QUIZ

Un engin spatial est équipé de nombreux instruments, mais rarement de microphones pour détecter le son. Pourquoi ?

A. La chance de rencontrer des extraterrestres qui parlent est très faible.

B. Les ondes sonores ne voyagent pas dans l'espace.

C. Il est trop difficile de coder des ondes sonores en signaux radio.

Réponse : B

35 Les engins spatiaux transportent également :

des magnétomètres, qui détectent les champs magnétiques qui existent autour de certaines planètes, comme la Terre ; des gravimètres, qui mesurent la force de gravité de l'objet cible et qui permettent de calculer l'atterrissage de l'engin ; et parfois même, des collecteurs de poussière spatiale.

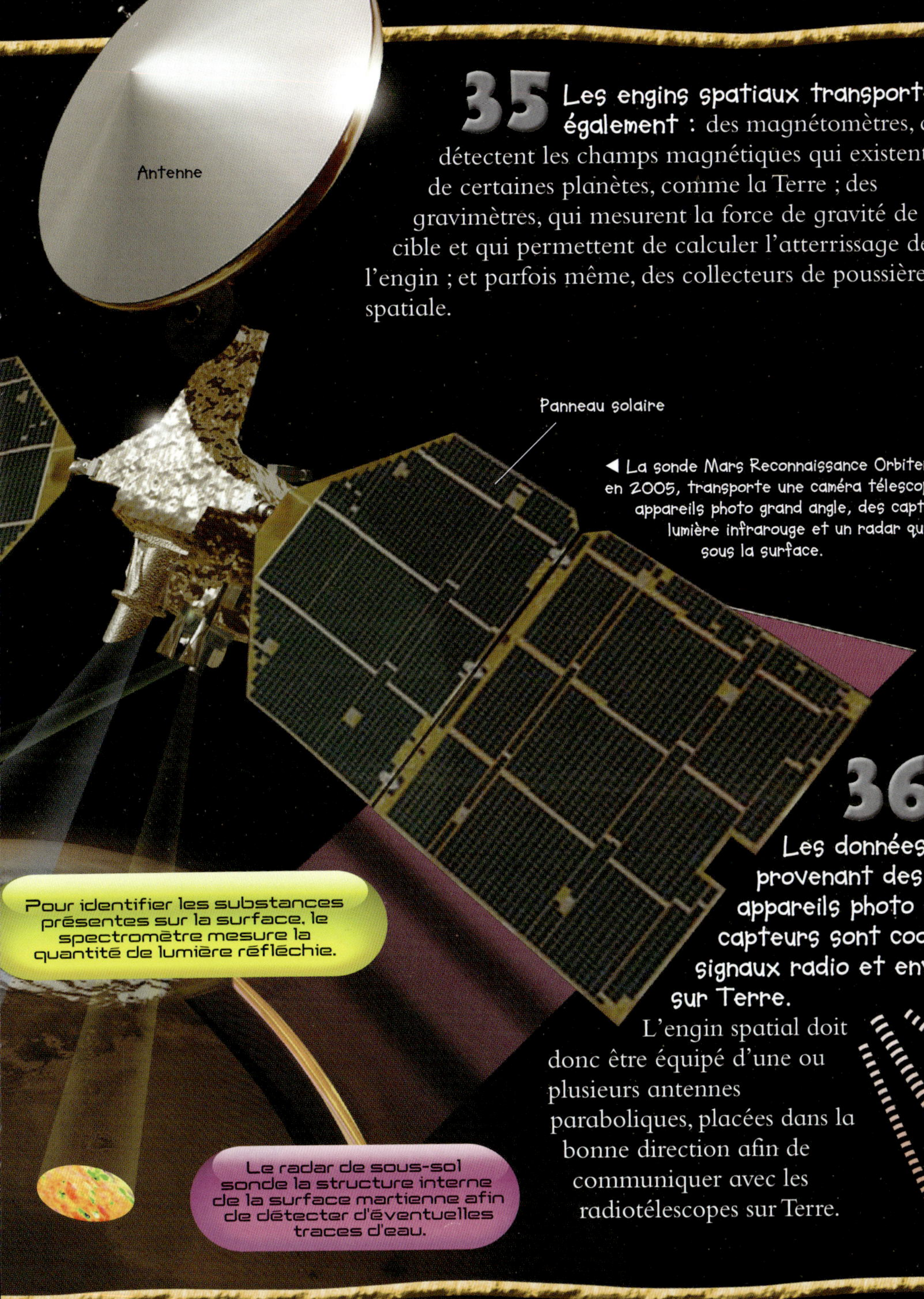

◀ La sonde Mars Reconnaissance Orbiter, lancée en 2005, transporte une caméra télescopique, des appareils photo grand angle, des capteurs de lumière infrarouge et un radar qui « voit » sous la surface.

36 Les données provenant des appareils photo et des capteurs sont codées en signaux radio et envoyées sur Terre.

L'engin spatial doit donc être équipé d'une ou plusieurs antennes paraboliques, placées dans la bonne direction afin de communiquer avec les radiotélescopes sur Terre.

Les missions de survol

37 Le « simple » survol d'un astre, à des centaines ou à des millions de kilomètres, nous apporte déjà des informations considérables. Ces missions, vers des destinations de plus en plus lointaines, peuvent durer plusieurs années. L'engin spatial utilisera alors l'assistance gravitationnelle des astres pour économiser le carburant.

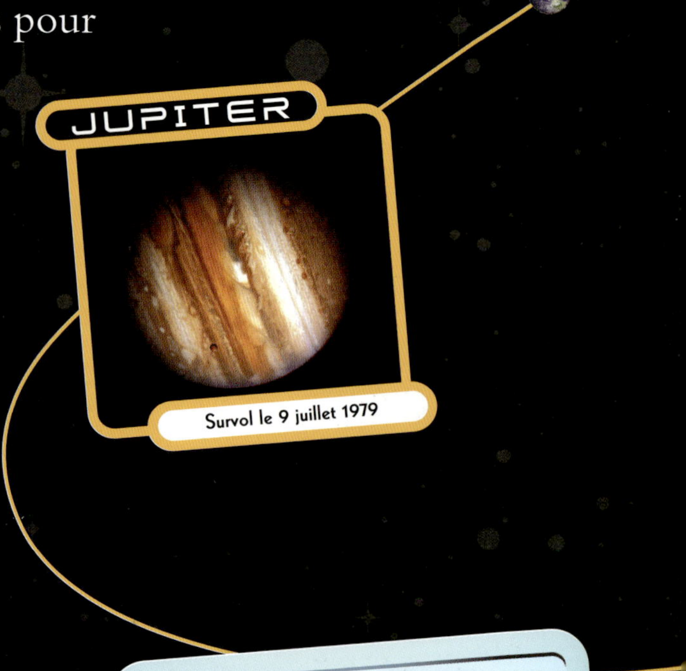

38 Un engin spatial peut survoler sa cible à plusieurs reprises, avant de repartir. Chaque passage donne une vision différente de l'objet étudié. Les appareils photos de l'embarcation, ses capteurs et ses autres équipements s'allument alors pour prendre des photos et enregistrer des mesures, puis s'éteignent lorsqu'elle s'éloigne de l'astre observé.

39 Voyager 2 est l'une des cinq sondes spatiales à suivre une trajectoire quittant le système solaire. Elle a effectué un survol des quatre planètes les plus reculées, qui ne se placent dans la bonne configuration que tous les 176 ans ! En 2010, la sonde avait parcouru depuis la Terre une distance de 22 milliards de km et continuait à envoyer des données scientifiques 33 ans après son lancement.

INCROYABLE !

Lorsque la sonde Pioneer 11 passa à 43 000 km de Jupiter, en 1974, l'attraction de la planète géante la fit accélérer jusqu'à 173 000 km/h pour la dévier vers Saturne !

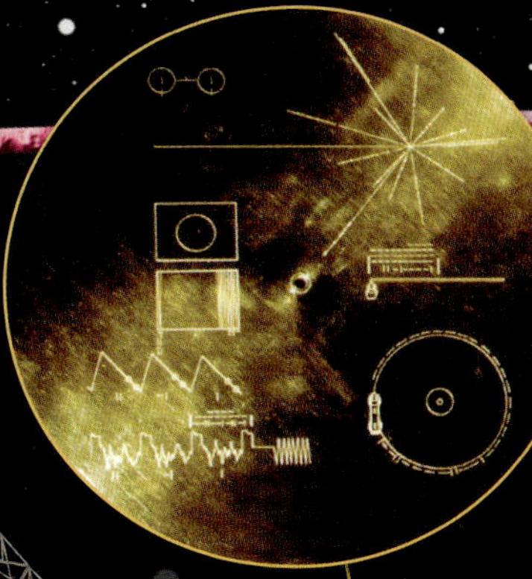

◀ Le Voyager Golden Record, embarqué à bord de Voyager 2, est un disque qui contient des sons et des images provenant de la Terre, destinés à d'éventuels extraterrestres qui pourraient le trouver.

NEPTUNE

Survol le 25 juillet 1989

URANUS

Survol le 24 janvier 1986

▶ Voyager 2 a fait le plus grand tour du système solaire. Elle est également la seule sonde à avoir survolé Uranus et Neptune.

SATURNE

Survol le 26 août 1981

▼ Cette photographie, prise à une distance de 4 800 km, montre les éjections de gaz et de poussière entourant la comète Borrelly.

40 **Après avoir survolé l'astéroïde Braille en 1999, la sonde spatiale Deep Space 1 passe à proximité de la comète Borrelly en 2001.** Au plus proche, l'engin était à seulement 2 000 km du noyau solide de la comète, large de 8 km. Les appareils photo de Deep Space 1 ont pris des dizaines de clichés avant que l'embarcation ne s'éteigne pour toujours.

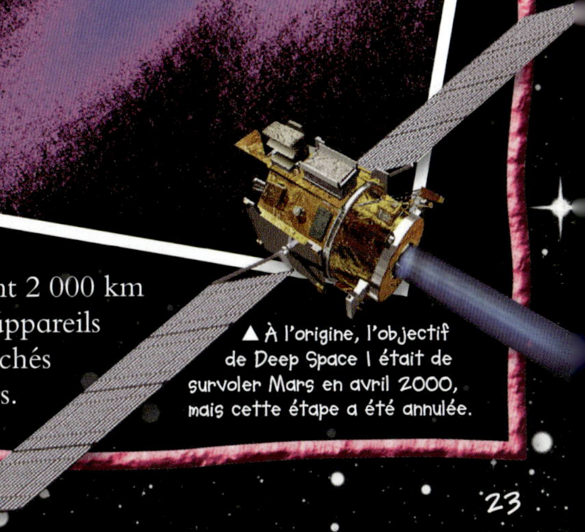

▲ À l'origine, l'objectif de Deep Space 1 était de survoler Mars en avril 2000, mais cette étape a été annulée.

En orbite

41 Les orbiteurs sont utilisés dans de nombreuses missions spatiales. Placées en orbite autour d'un corps céleste, ces sondes fournissent des informations bien plus précises que les missions de survol.

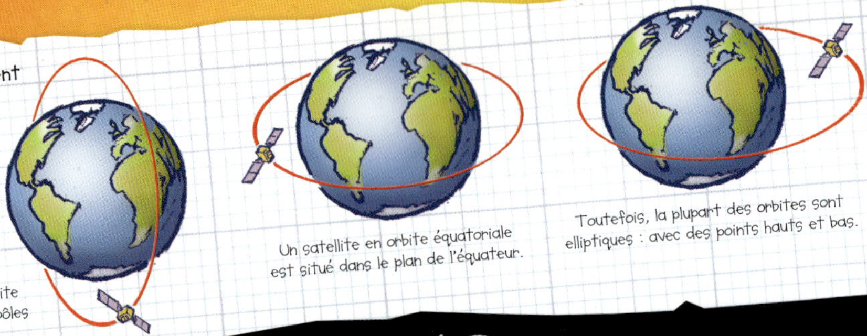

▶ Les engins peuvent opérer selon différents types d'orbites terrestres. Elles sont représentées ici autour de la Terre.

Un satellite en orbite polaire survole les pôles d'une planète.

Un satellite en orbite équatoriale est situé dans le plan de l'équateur.

Toutefois, la plupart des orbites sont elliptiques : avec des points hauts et bas.

42 En 1997, la sonde Mars Global Surveyor a tourné autour de Mars en suivant une orbite fortement elliptique, avec une altitude de 54 026 km pour le point le plus haut, et une altitude de 262 km pour le point le plus bas de l'orbite.

◀ En 2006, les sondes jumelles STEREO sont entrées en orbite autour du Soleil. Elles ont pour mission de mieux comprendre le fonctionnement de l'étoile centrale du système solaire.

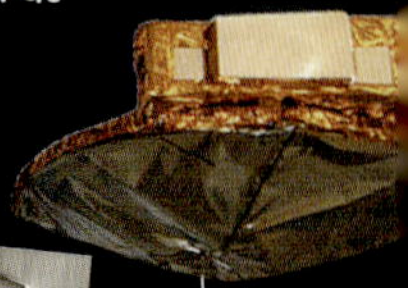

Antenne

OBSERVE UN ORBITEUR

Tu as besoin de :
une chaussette – une balle de tennis
un mètre de ficelle

1. Place la balle dans la chaussette et ferme le haut avec la ficelle.
2. Sors à l'extérieur. En tenant la ficelle à la moitié de sa longueur, fais tournoyer la chaussette au-dessus de ta tête afin qu'elle orbite autour de toi.
3. Allonge progressivement la ficelle. L'orbite prend-elle plus de temps ?

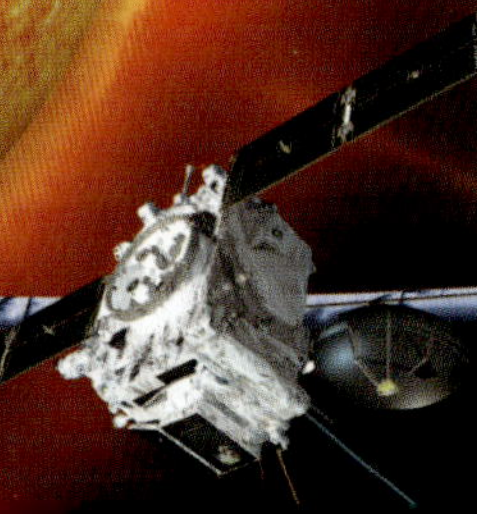

DIONÉ

Au cours de ses orbites autour de Saturne, la sonde Cassini a survolé Dioné qui, avec ses 1 123 km de diamètre, est le 4ème plus grand satellite de Saturne.

43 Lors de la mission Cassini-Huygens, la sonde spatiale Cassini a connu de nombreux changements d'orbite autour de Saturne. Programmée sur 4 ans, cette mission comprenait 74 orbites autour de la planète géante, incluant 44 survols de Titan, ainsi que de nombreux survols des plus petites lunes de Saturne, comme Encelade, Japet et Mimas.

44 Le radar d'une sonde spatiale permet de mesurer sa distance par rapport à l'objet céleste observé. Pour cela, des signaux radio sont dirigés vers la surface et rebondissent : on évalue la distance en fonction du temps qu'ils mettent à revenir. Les radars servent également à cartographier les astres, en évaluant par exemple la hauteur de leurs montagnes.

▶ La sonde Mars Global Surveyor effectuait un tour complet de Mars toutes les 118 minutes à une altitude moyenne de 378 km.

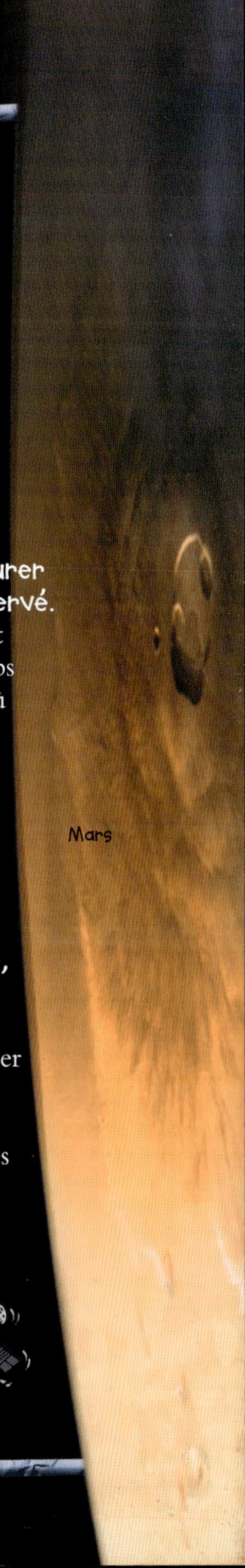

Mars

45 Généralement, les orbiteurs sont équipés d'un spectromètre, qui mesure la longueur d'onde de lumière produite par les astres. Cet appareil est très utile pour déterminer les substances chimiques présentes dans l'atmosphère ou à la surface d'une planète, en étudiant les couleurs qu'elles dégagent.

46 L'orbiteur vérifie et ajuste sa position en permanence. Pour cela, il utilise de minuscules bouffées de gaz rejetées par ses propulseurs, ce qui l'empêche de perdre de la vitesse et de s'écraser sur la surface de la planète étudiée.

Atterrissages

47 Certains engins spatiaux disposent d'atterrisseurs.

Ceux-ci sont placés dans l'embarcation et sont destinés à se poser sur la surface de l'astre étudié, l'autre partie du véhicule restant en orbite. L'atterrisseur peut être habité ou non.

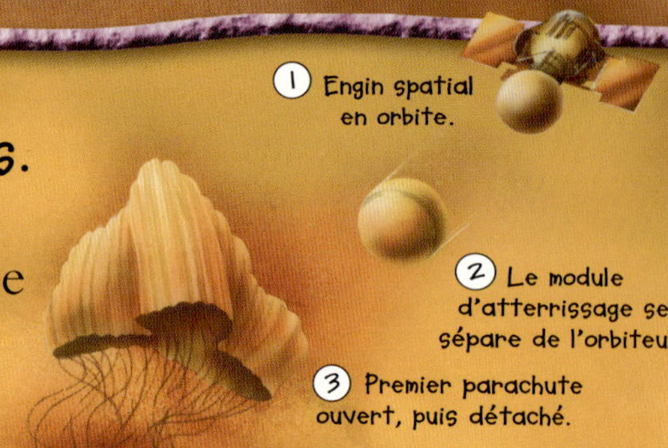

(1) Engin spatial en orbite.

(2) Le module d'atterrissage se sépare de l'orbiteur.

(3) Premier parachute ouvert, puis détaché.

48 La descente de l'atterrisseur peut être dangereuse.

En effet, si la planète possède une atmosphère des vents forts pourraient dévier l'atterrisseur de sa trajectoire. Et si l'atmosphère est épaisse, comme sur Vénus, elle peut exercer une énorme pression sur l'engin.

▶ Les atterrisseurs du programme russe Venera (1961–1984) utilisaient des parachutes pour ralentir dans l'atmosphère épaisse, chaude et nuageuse de Vénus.

(4) Ouverture des parachutes principaux à une altitude de 50 km au-dessus de la surface.

49 La présence d'une atmosphère autour d'un astre permet de réduire fortement la vitesse de l'atterrisseur en utilisant des parachutes.

Lors de la mission Cassini-Huygens, l'atterrisseur Huygens a utilisé deux parachutes pour effectuer sa descente sur Titan, une des lunes de Saturne.

(5) Amortisseur de chocs rempli de gaz comprimé pour réduire l'impact à l'atterrissage.

50 Si la planète observée est dénuée d'atmosphère, des rétro-propulseurs sont utilisés pour diminuer la vitesse du module.

Ces moteurs projettent du gaz dans le sens de la descente et ralentissent l'engin. La plupart des atterrisseurs possèdent un solide boîtier gonflable de protection pour limiter les chocs à l'atterrissage.

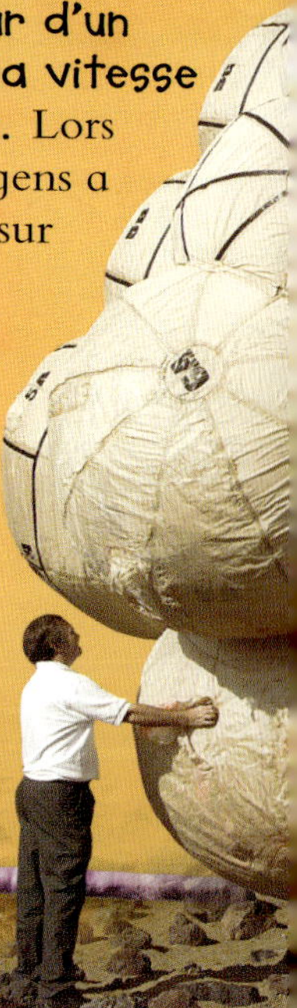

▲ Sur cette image, on peut voir que Beagle 2 devait s'ouvrir à la manière d'un coquillage pour laisser apparaître plusieurs panneaux solaires. Cependant, le contact avec l'atterrisseur fut perdu peu de temps après son détachement de l'orbiteur en 2003.

▲ Cette photographie, prise par Deep Impact 67 secondes après le crash de son impacteur sur la comète Tempel 1, montre les tonnes de matériaux projetés.

51 Après l'atterrissage, les panneaux solaires de l'atterrisseur se déplient pour l'alimenter en énergie. Son système informatique et ses équipements se mettent sous tension, lui permettant de tester ses communications radio avec l'orbiteur et parfois directement avec la Terre.

52 Certaines embarcations, conçues pour s'écraser sur leur cible, sont appelées impacteurs. Le crash, observé par l'orbiteur, peut également être étudié par les contrôleurs sur Terre. La poussière, les roches et les gaz émis par l'impact fournissent de précieuses informations sur l'objet cible.

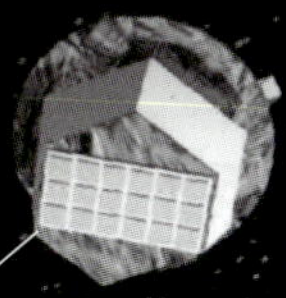

▶ En 2005, Deep Impact a envoyé son impacteur vers la comète Tempel 1 pour qu'il la percute, et il a étudié le cratère qui en a résulté.

◀ L'atterrisseur de Mars Pathfinder, testé sur Terre, était particulièrement innovant : il utilisait des rétrofusées pour ralentir durant sa descente, puis 24 coussins gonflables, pour atterrir en douceur sur Mars.

Les rovers robotisés

53 Après l'atterrissage, certains atterrisseurs libèrent de petits véhicules robotisés appelés rovers. Équipés de roues et de moteurs, ils peuvent se déplacer sur la surface à explorer. Jusqu'à aujourd'hui, des rovers ont visité la Lune et Mars.

▶ Dans les années 70, la Russie a envoyé sur la Lune deux rovers, Lunokhod 1 et 2. D'un poids de 756 kg, ils étaient dotés de huit roues équipées chacune d'un moteur, qui les entraînait à la vitesse de 2 km/h.

QUIZ

De quel dimension sont les rovers Spirit et opportunity qui ont atterri sur Mars ?

1. Un camion
2. Une voiture de golf
3. Un autobus

Réponse : 2

54 Les rovers modernes sont contrôlés automatiquement grâce à des ordinateurs de bord. La distance les séparant de la Terre ne permet pas de communiquer en temps réel. Dans le cas de la mission Mars Exploration Rovers, le temps du signal aller-retour pouvait atteindre une quarantaine de minutes. Ainsi, si un rover était dirigé depuis la Terre, il pourrait tomber d'une falaise, bien avant que ses appareils de bord ne relayent les images de cet événement.

55 Les rovers sont conçus et testés pour résister aux conditions de leur monde cible.

Les scientifiques connaissent ces éléments grâce aux observations menées sur Terre et aux missions de survol précédentes. Des rovers d'essai sont conduits sur des terrains terrestres extrêmes afin de s'assurer qu'ils peuvent gérer un terrain délicat.

▲ Les rovers modernes sont testés dans des conditions particulières : ici, sur les rochers glissants d'une plage du Pays de Galles, au Royaume-Uni.

56 Les rovers Spirit et Opportunity ont atterri sur Mars en 2004.

Ils sont équipés de trois paires de caméras, utilisées pour la navigation, et de plusieurs instruments scientifiques. Des spectromètres analysent la composition des roches et de l'atmosphère ; un bras articulé permet de recueillir des particules de poussière et de roches ; une caméra microscope enregistre au fur et à mesure les données recueillies.

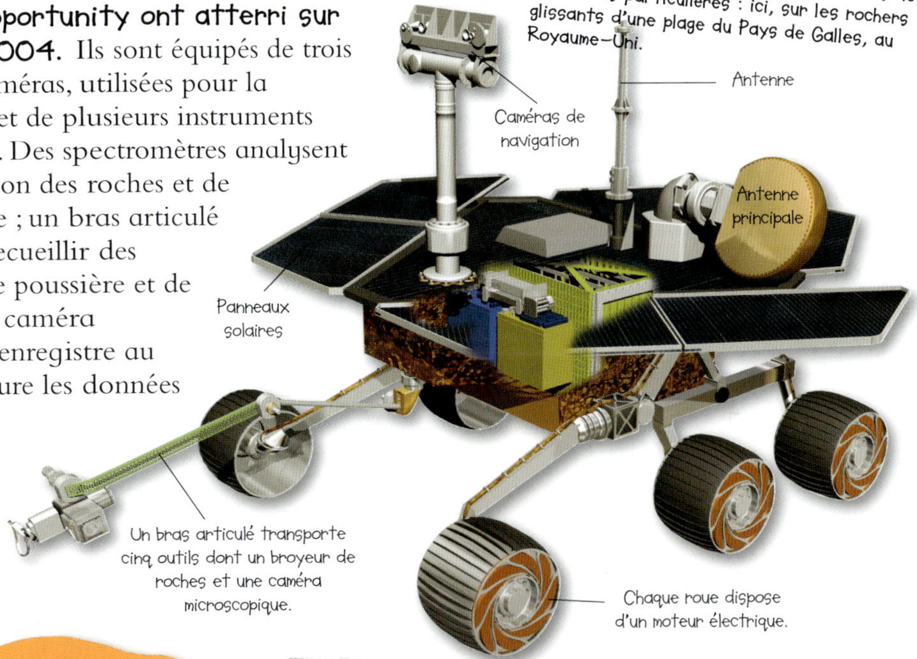

▶ Les rovers Spirit et Opportunity ont les dimensions d'une petite voiture de golf.

57 Des scientifiques réfléchissent à la construction d'un rover qui pourrait fonctionner sur Vénus.

La température y dépasse les 400°C ! Le rover devrait alors être construit en titane pour résister à la chaleur. Mais, même dans ce cas, sa durée de vie ne dépasserait pas les quinze minutes.

De plus près

▶ En 1975, les deux atterrisseurs américains Viking ont photographié leur bras articulé creusant la surface de la planète Mars.

58 Certains atterrisseurs et rovers possèdent un bras articulé. Il fore dans la roche ou broie des cailloux pour en extraire de la poussière afin de recueillir des échantillons qui seront testés dans le laboratoire scientifique à bord de l'embarcation. Ces analyses permettront de déterminer, entre autres, la composition de la surface de la planète cible.

59 La plupart des rovers ont six roues. Cela leur permet de se déplacer rapidement tout en conservant une bonne adhérence au sol. Chaque roue dispose d'un moteur électrique, alimenté par des batteries rechargées par les panneaux solaires. Lorsqu'elles sont déchargées, le rover se met « en veille », jusqu'à ce que la lumière du Soleil les recharge.

◀ Les rovers de Mars, Spirit et Opportunity, sont tous deux équipés d'un broyeur de roches. Ils l'utilisent pour recueillir des échantillons de poussière.

60 Phoenix, l'atterrisseur de Mars, disposait d'un bras robotisé muni d'une pelle capable de creuser des tranchées de 25 cm de profondeur et de collecter des échantillons. Ensuite, l'analyseur microscopique et électrochimique les étudiait minutieusement afin de déterminer la composition du sol martien.

INCROYABLE !

Un type de forage mobile utilise la chaleur pour faire fondre la roche, ce qui s'avérerait utile sur les planètes glacées. Des scientifiques pensent même à créer un rover thermique qui se fraierait un chemin à travers la glace, afin d'étudier les couches les plus profondes des planètes.

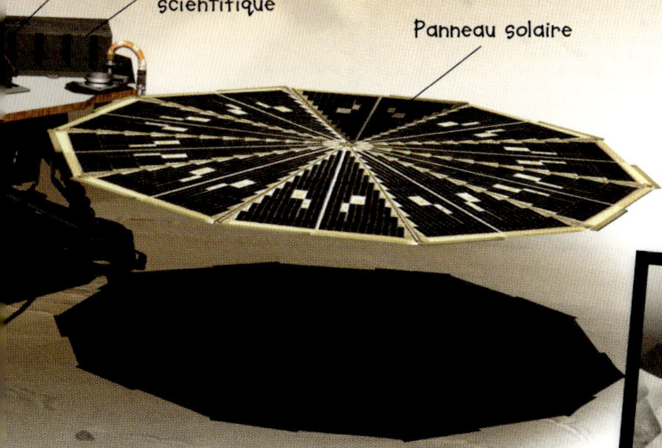

61 La plupart des atterrisseurs et des rovers sont équipés de stations météorologiques. Des capteurs mesurent la température, la pression atmosphérique et la luminosité du Soleil. Lorsqu'une planète est entourée d'une atmosphère, ils prélèvent des échantillons de gaz, et enregistrent la météo, comme les tempêtes de vent et de poussière.

◄ En 2008, l'atterrisseur de Mars Phoenix était équipé d'un bras robotisé et d'une station météo.

62 De l'espace à la Terre, la transmission des informations et des données est précieuse pour la réussite d'une mission. Ainsi, le rover envoie des signaux radio à l'atterrisseur qui l'a déposé à la surface d'un astre. À son tour, l'atterrisseur entre en communication avec l'engin spatial en orbite qui, quant à lui, va transférer les informations aux contrôleurs de mission sur Terre.

▲ À la fin des années 1960, cinq atterrisseurs américains Surveyor ont renvoyé des photographies en gros plan de la surface de la Lune. Elles ont été assemblées afin de créer des images panoramiques.

L'exploration de Mars

JUIL 1965 Mariner 4 survole Mars et prend la première photo en gros plan d'une autre planète.

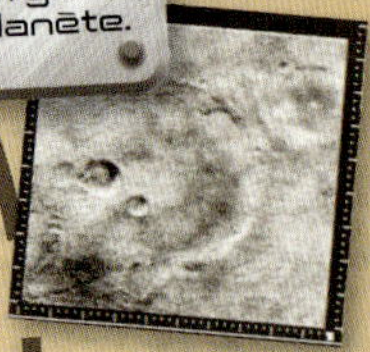

63 Mars est la planète la plus proche de la Terre et la plus explorée. Jusqu'à la fin du XIXe siècle, les astronomes pensaient voir des canaux d'eau sur la surface de la planète, qu'ils croyaient construits par des extraterrestres. Mais avec de meilleurs télescopes, ces « canaux » se sont avérés n'être qu'une illusion d'optique.

NOV 1971 Premier orbiteur. Mariner 9 entre en orbite autour de Mars.

▼ Cette chronologie montre certaines des missions les plus importantes dans l'exploration de Mars.

DÉC 1971 Mars 3 est le premier atterrisseur à se poser sur la surface de Mars, mais le contact est perdu après 20 secondes.

64 Depuis les années 1960, plus de 40 missions se sont mises en route vers Mars. Deux tiers d'entre elles ont échoué lors du lancement ou dans l'espace et seulement cinq des quinze tentatives d'atterrissage ont réussi. Ce taux d'échec a conduit certaines personnes à croire que des Martiens attaquaient les embarcations.

JUIL/SEP 1976 Les atterrisseurs Viking 1 et 2 se posent sur la surface de Mars et en fournissent des images.

JUIL 1997 Mars Pathfinder atterrit et libère Sojourner, le premier rover sur une autre planète.

◀ Prise par la sonde spatiale Mars Odyssey (2001), cette photographie montre le pôle Sud de Mars recouvert d'une calotte de glace carbonique à la température de −120°C et d'un diamètre d'environ 900 km.

65 En 1976, deux atterrisseurs américains Viking ont effectué des recherches sur Mars. Ils ont analysé la composition de l'atmosphère et du sol, collecté des données météorologiques et photographié la quasi totalité de la planète. Leur observations ont également mis en évidence la présence d'eau liquide à la surface de la planète il y a très longtemps.

66 Les rovers Spirit et Opportunity ont fait une étonnante série d'explorations et de découvertes. Ils ont prouvé qu'il y a eu de l'eau sur Mars et confirmé la théorie selon laquelle cette planète ressemblait autrefois à la Terre. En 2009, Spirit s'est enlisé à la surface de Mars, mais Opportunity est actuellement en route vers le cratère Endeavour.

MAI 2008 L'atterrisseur Phoenix est le premier engin à se poser près du pôle Nord martien.

SEP 1997 Mars Global Surveyor entre en orbite et commence une cartographie à grande échelle de la surface de Mars.

DÉC 2003 En orbite, la sonde Mars Express libère son atterrisseur, Beagle 2, mais perd la communication avec lui.

MARS 2006 Mars Reconnaissance Orbiter établit un record de six instruments scientifiques en orbite ou sur la surface de Mars.

JAN 2004 Les rovers Spirit et Opportunity atterrissent sur Mars et commencent leurs explorations.

67 Le rover Curiosity, prévu pour une mission en 2012, possède une foreuse et une mini pelleteuse situées au bout de son bras robotisé. C'est le rover le plus imposant jamais construit, avec un poids proche de la tonne. Son objectif est de découvrir s'il y a, ou s'il y a eu, de la vie sur Mars.

◀ Long de 2,7 m et lourd de 900 kg, le rover Curiosity ne dépassera pas la vitesse de 30 mètres par heure.

Retour sur Terre

▲ Les contrôleurs de mission du Jet Propulsion Laboratory de la NASA en Californie, aux États-Unis, célèbrent l'arrivée sur Terre des premières images du rover Opportunity.

68 Tous les engins spatiaux ont un centre de contrôle de mission sur Terre. Des équipes d'experts surveillent les systèmes de l'embarcation, notamment les communications radio, et les données scientifiques qu'elle recueille.

69 Les contrôleurs doivent veiller à ce que le retour de la mission se déroule dans les meilleures conditions. Si des instruments sont défaillants, ils doivent les régler pour améliorer leur performance et pour les empêcher de créer des interférences les uns avec les autres.

70 Les missions d'échantillonnage rapportent sur Terre des objets de l'espace. En 2004, l'engin spatial Genesis lâche, depuis l'atmosphère terrestre, une capsule contenant des échantillons de vent solaire. Mais ses parachutes ne s'ouvrant pas, la capsule s'écrase dans l'Utah, aux États-Unis. Heureusement, certains de ces échantillons ont résisté et ont pu être étudiés.

71 Du gaz, des poussières et des roches provenant de l'espace sont ramenés sur Terre pour être étudiés.

Dans les années 1970, les six missions habitées Apollo ont ramené un total de 381,7 kg de matériaux lunaires.

◄ Rapporté par Apollo 15, ce basalte (morceau de roche lunaire) est analysé par Jack Schmitt, géologue et astronaute d'Apollo 17.

72 Les échantillons rapportés de l'espace peuvent être contaminés par l'atmosphère et le matériel terrestre.

Les scientifiques les manipulent avec précaution afin de découvrir ce qu'ils contiennent et pour les empêcher de libérer sur Terre toute substance dangereuse. De même, au lancement, les engins spatiaux sont extrêmement propres afin d'éviter toute propagation de produits chimiques ou de microbes terrestres dans d'autres mondes.

INCROYABLE !
Des roches lunaires, rapportées par les missions Apollo, ont été dérobées et mises aux enchères sur Internet. Les enquêteurs du FBI ont trouvé les malfaiteurs et les précieuses roches ont été récupérées !

▼ La sonde Genesis a recueilli des particules de vent solaire qui déforme le champ magnétique terrestre.

À RETENIR
1. Soleil
2. Vent solaire
3. Onde de choc (où le vent solaire rencontre le champ magnétique terrestre)
4. Champ magnétique terrestre
5. Terre

► Cet échantillon de roche lunaire, recueilli au cours de la mission Apollo 11, est scellé dans un récipient solidement fermé et stérile.

Sur la route du Soleil

◄ Cette photographie, prise par le satellite SOHO, utilise un disque opaque : il bloque la lumière éblouissante du Soleil, pour que sa couronne soit plus visible. On peut alors observer un jet de plasma surchauffé, appelé éjection de masse coronale.

73 Malgré les températures excessives générées par le Soleil, des missions spatiales se sont approchées de lui. Ainsi, en 1976, l'engin spatial allemand Helios 2 s'est retrouvé à 44 millions de kilomètres de l'étoile. Un véritable record !

74 Depuis 1996, le satellite SOHO passe son temps à observer le Soleil. Il a dénombré plus de 1 900 comètes se déplaçant autour de l'étoile ! Lancée en 2018, la sonde Solar Probe Plus passera à seulement six millions de kilomètres du Soleil et sera équipée d'un bouclier en carbone et en céramique pour protéger ses instruments de la chaleur.

◄ La mission Helios a été représentée sur des timbres du monde entier.

▲ La sonde Messenger était dotée d'un pare-soleil en fibre de céramique pour la protéger de la chaleur du Soleil.

76 **Mercure, la planète la plus proche du Soleil, a été survolée par deux sondes, Mariner 10 en 1974-1975, et Messenger à partir de 2008.** Ces deux engins ont repéré des cratères, des montagnes et des plaines ainsi qu'une température de 430°C à la surface de la planète. En 2014, lors de la mission BepiColombo, deux sondes seront de nouveau envoyées vers Mercure.

77 **Depuis 1961, plus de vingt missions spatiales ont visité Vénus.** Constituée d'épais nuages faits d'acide sulfurique, de pressions extrêmes, de températures supérieures à 450°C, son atmosphère pose d'énormes défis aux missions exploratoires.

75 **De nombreuses missions ont été envoyées vers Vénus : les sondes soviétiques Venera (1961-1984), les sondes américaines Mariner (1962-1973) et le projet Pioneer Venus (1978).** De 1990 à 1994, la sonde Magellan a cartographié la surface de la planète à l'aide d'un radar, étude poursuivie par Venus Express en 2006.

◀ L'étude de l'atmosphère de Vénus permettra de mieux comprendre les processus climatiques similaires se produisant sur Terre.

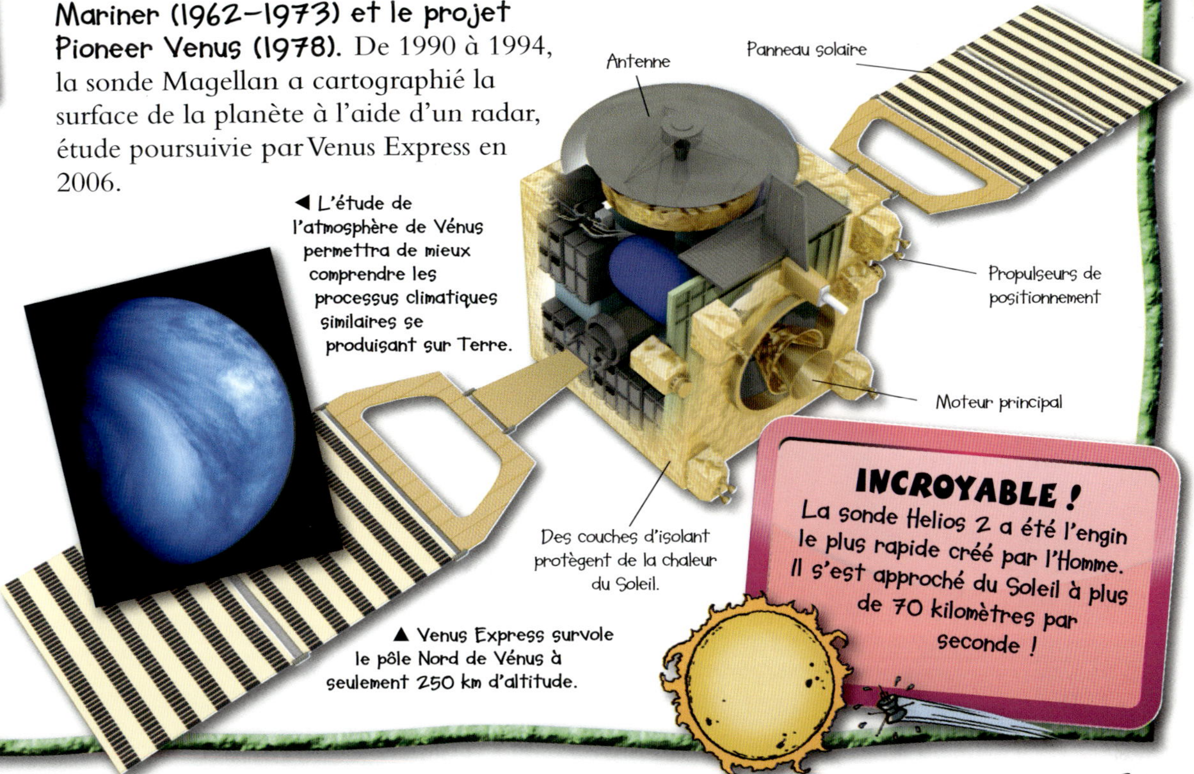

▲ Venus Express survole le pôle Nord de Vénus à seulement 250 km d'altitude.

INCROYABLE !
La sonde Helios 2 a été l'engin le plus rapide créé par l'Homme. Il s'est approché du Soleil à plus de 70 kilomètres par seconde !

Les astéroïdes

78 Composés de métaux, de roche et de glace, la plupart des astéroïdes évoluent sur une orbite située entre Mars et Jupiter : la ceinture d'astéroïdes. Les astéroïdes géocroiseurs, plus proches de nous, présentent des risques de collision avec la Terre. Ils sont donc attentivement surveillés par les scientifiques.

79 Les astéroïdes sont si lointains qu'on ne les voit que comme de petits points lumineux. Même le télescope spatial Hubble est incapable de nous en dire beaucoup plus à leur sujet. Seules les sondes spatiales peuvent nous apporter des informations précises.

◀ La planète naine Cérès et les trois plus grands astéroïdes de notre système solaire, placés à l'échelle de l'Amérique du Nord. Vesta, le plus gros, mesure environ 530 km de diamètre.

80 En 1996, la sonde NEAR Shoemaker est lancée en direction de l'un des plus gros astéroïdes géocroiseurs : Éros. Sur sa trajectoire, elle passe près de l'astéroïde Mathilde, dont elle prend plus de 500 clichés. En 2000, elle orbite autour d'Éros, un rocher de 34 km de long sur 11 de large, avant d'atterrir. La sonde a permis d'établir la première carte de la surface de l'astéroïde et a estimé son âge à environ un milliard d'années. Et grâce à un spectromètre à rayons X, elle est parvenue à établir la composition de sa surface.

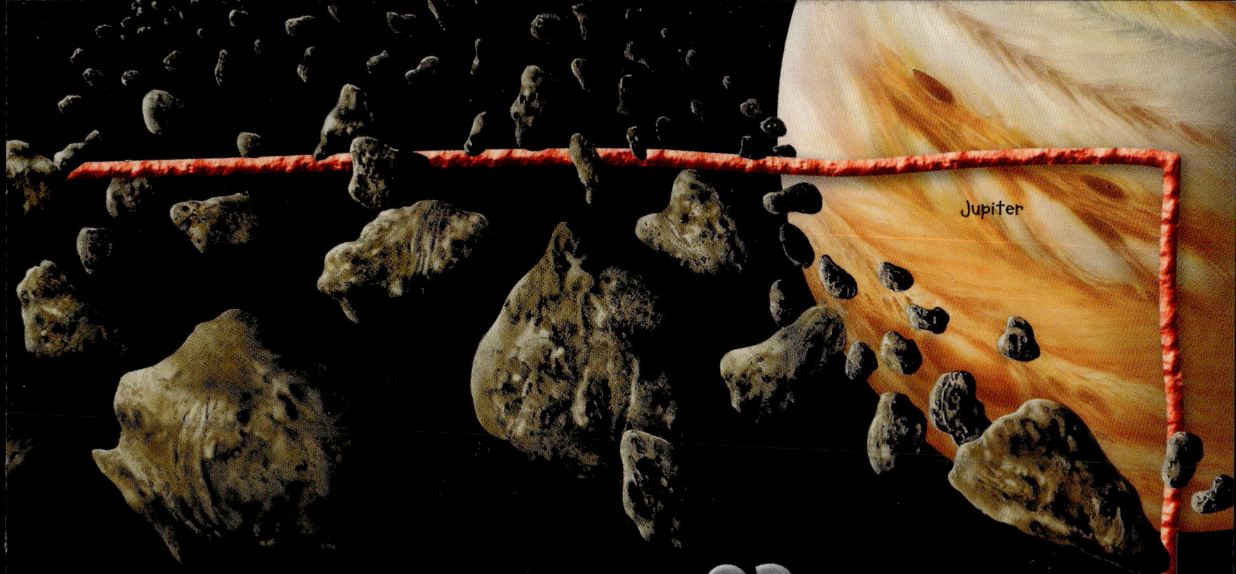

▲ Malgré quelques « essaims d'astéroïdes » denses, la ceinture principale est essentiellement vide, chaque astéroïde étant séparé du plus proche par plusieurs millions de kilomètres.

81 En juin 2010, et après un périple de 7 ans, la sonde japonaise Hayabusa rapporte sur Terre des échantillons de l'astéroïde Itokawa. Après analyse de ces particules, les scientifiques estiment que les astéroïdes tels que Itokawa pourraient être à l'origine de la majeure partie des météorites trouvées sur Terre.

82 Lancée en 2007, la sonde Dawn explore Vesta, le plus gros astéroïde, en 2011, pour ensuite se diriger vers la planète naine Cérès en 2015. Elle doit déterminer la structure de ces deux astres, faire un inventaire de leurs cratères pour pouvoir reconstituer l'histoire de leur formation.

▲ Le logo de la mission Dawn indique ses deux principaux objectifs.

▶ Pour recueillir des échantillons, Hayabusa était équipée d'un long cornet au bout duquel un projectile était tiré vers la surface. La gerbe de poussières soulevée remontait alors le long du cornet.

Les mystères des comètes

83 Les comètes ont encore de nombreux mystères à nous révéler… Comme elles ont été formées au début du système solaire, il y a environ 4,5 milliards d'années, elles pourraient nous apprendre beaucoup sur sa formation et sur nos origines.

▶ Le nuage d'Oort, qui entoure le système solaire, est composé d'objets glacés. Il serait la source de la plupart des comètes orbitant autour du Soleil.

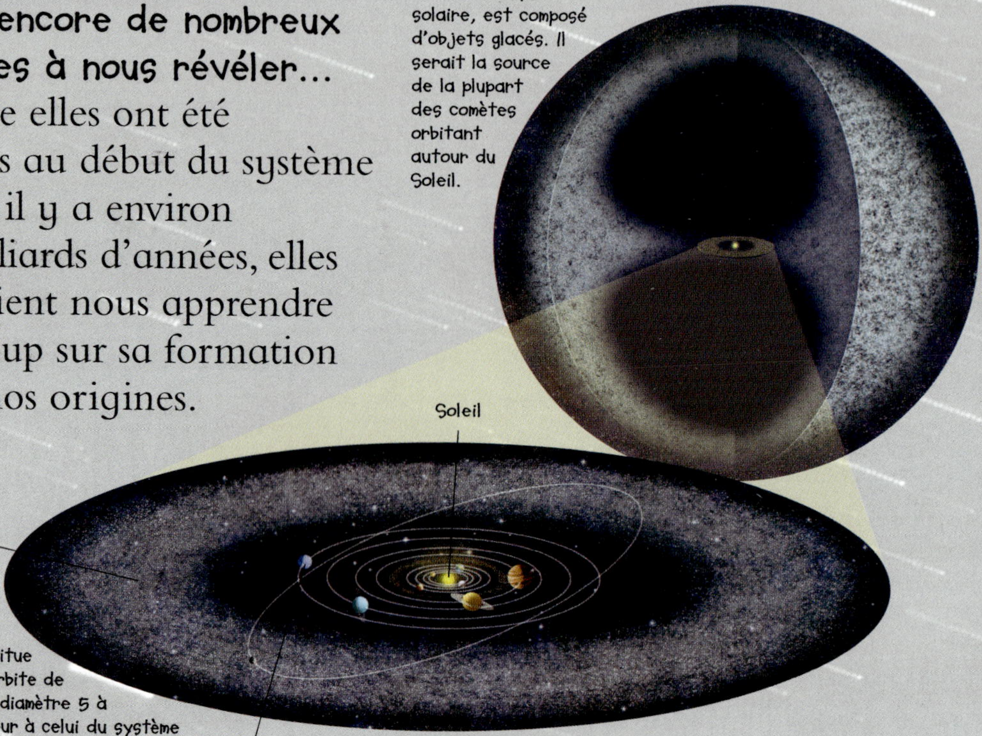

▶ La ceinture de Kuiper se situe au-delà de l'orbite de Neptune. D'un diamètre 5 à 10 fois supérieur à celui du système solaire, elle se compose de nombreuses comètes et de planètes.

84 Comme les astéroïdes, les comètes sont difficiles à repérer dans l'espace. Elles ne deviennent visibles que lorsqu'elles se rapprochent du Soleil : sous son effet, une chevelure se forme autour de la comète, qui peut s'étendre sur 30 à 80 millions de kilomètres.

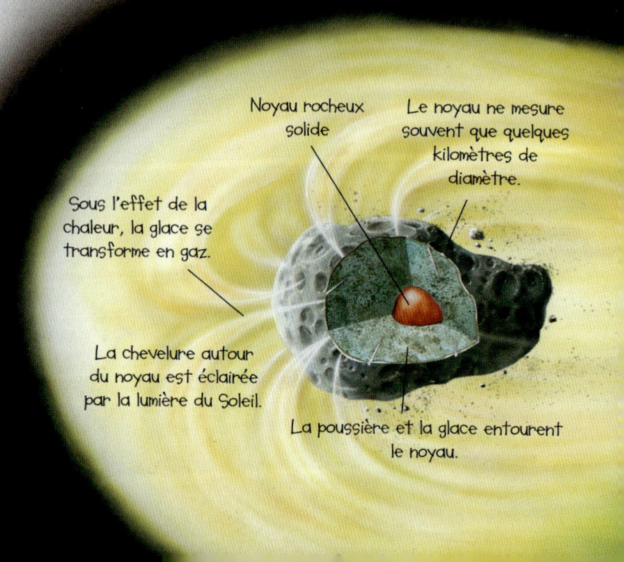

▶ Une comète est constituée d'un petit noyau rocheux entouré de glace et de poussière. La chaleur du Soleil transforme la glace en gaz : une chevelure lumineuse apparaît alors.

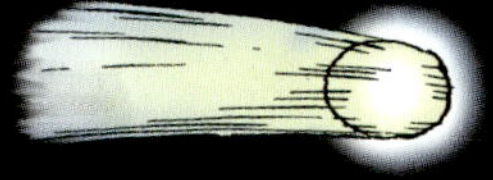

85 **La fameuse comète de Halley a été observée pour la dernière fois en 1986.** Cinq sondes spatiales, regroupées sous le nom de « Armada de Halley », l'ont survolée. La sonde européenne Giotto a même rencontré le noyau de la comète à moins de 600 km. Deux sondes soviétiques Vega et deux japonaises Sakigake et Suisei participaient à la mission.

ÉCHANTILLONS DE LA COMÈTE WILD 2

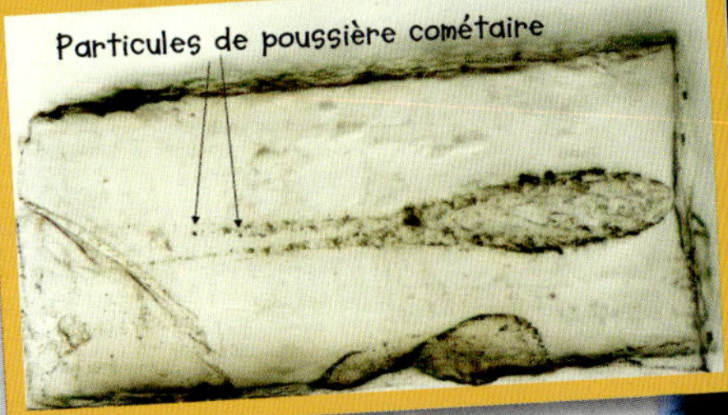

▲ Vu au microscope, ce morceau d'aérogel de Stardust, d'une taille de 0,01 millimètre, contient des particules de poussières minuscules.

▶ Stardust a recueilli de la poussière cométaire à l'aide d'un collecteur, en forme de raquette de tennis, rempli d'aérogel (une mousse légère mais solide). Le collecteur a ensuite été placé dans une capsule en forme de boule, avant son atterrissage sur Terre.

STARDUST APPROCHANT LA COMÈTE WILD 2

86 **En 2005, la sonde Deep Impact libère un impacteur qui percute le noyau de la comète Tempel 1, dans le but d'étudier la poussière et les gaz émis.** En 2006, la sonde Stardust revient sur Terre avec une capsule contenant des échantillons de la chevelure de la comète Wild 2. Nos connaissances sur les comètes se font donc plus précises.

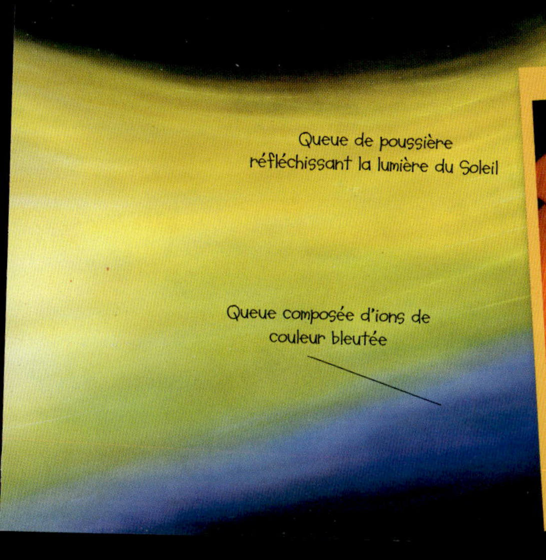

CAPSULE D'ÉCHANTILLONNAGE DE RETOUR SUR TERRE

Des géantes

INCROYABLE !
Un engin spatial entrant dans l'atmosphère de Neptune serait touché par les vents les plus violents du système solaire, avoisinant les 2 000 km/h !

87 **Les quatre planètes les plus éloignées du Soleil – Jupiter, Saturne, Uranus et Neptune – sont des « géantes gazeuses ».** S'il faut deux ans en moyenne pour atteindre Jupiter par la trajectoire la plus directe, les sondes mettent généralement plus de temps, car elles s'aident de la force d'attraction des autres planètes pour économiser du carburant.

88 **Depuis 1973, sept sondes ont survolé Jupiter, chacune ayant rapporté de précieuses informations.** Ainsi, les deux missions américaines Voyager découvrent, en 1979, que Jupiter possède des anneaux. Puis l'embarcation américaine Galileo entre en orbite autour de la planète en 1995 et libère une sonde dans son atmosphère afin de l'étudier.

◄ Galileo a orbité autour de Jupiter pendant près de huit ans. Elle a libéré une sonde atmosphérique pour qu'elle étudie les gaz qui entourent la planète.

▲ Des images de Titan – la plus grande lune de Saturne –, prises par la sonde Huygens, révèlent un monde de glace où des pluies de méthane alimentent les lacs.

89 La planète annelée Saturne a été survolée par Pioneer 11 (1979) ainsi que par Voyager 1 et 2 (1980–1981). La sonde Cassini-Huygens, lancée en 1997, a atteint la planète en 2004. L'orbiteur Cassini continuera son exploration de Saturne, de ses anneaux et de ses lunes jusqu'en 2017.

▼ En 2005, la sonde Huygens s'est séparée de Cassini. Elle a renvoyé plus de 750 images de la surface de Titan.

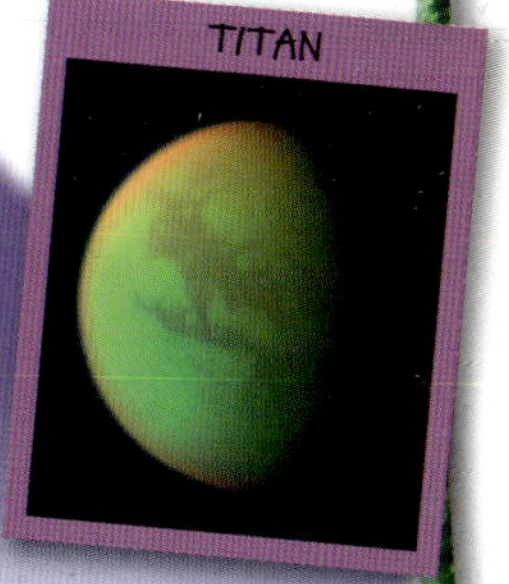

90 Lancé en 1977, Voyager 2 est le seul engin à avoir visité Uranus et Neptune. Lors de son survol d'Uranus en 1986, la sonde lui découvre dix nouvelles lunes en plus des cinq déjà connues. En 1989, Voyager 2 passe à 29 240 km de Neptune et révèle l'existence de trois nouveaux anneaux et de six nouvelles lunes.

▼ Les quatre géantes gazeuses possèdent de nombreuses lunes, de différentes tailles. Cette liste fait figurer les cinq plus grandes lunes de chacune des planètes (échelle non respectée).

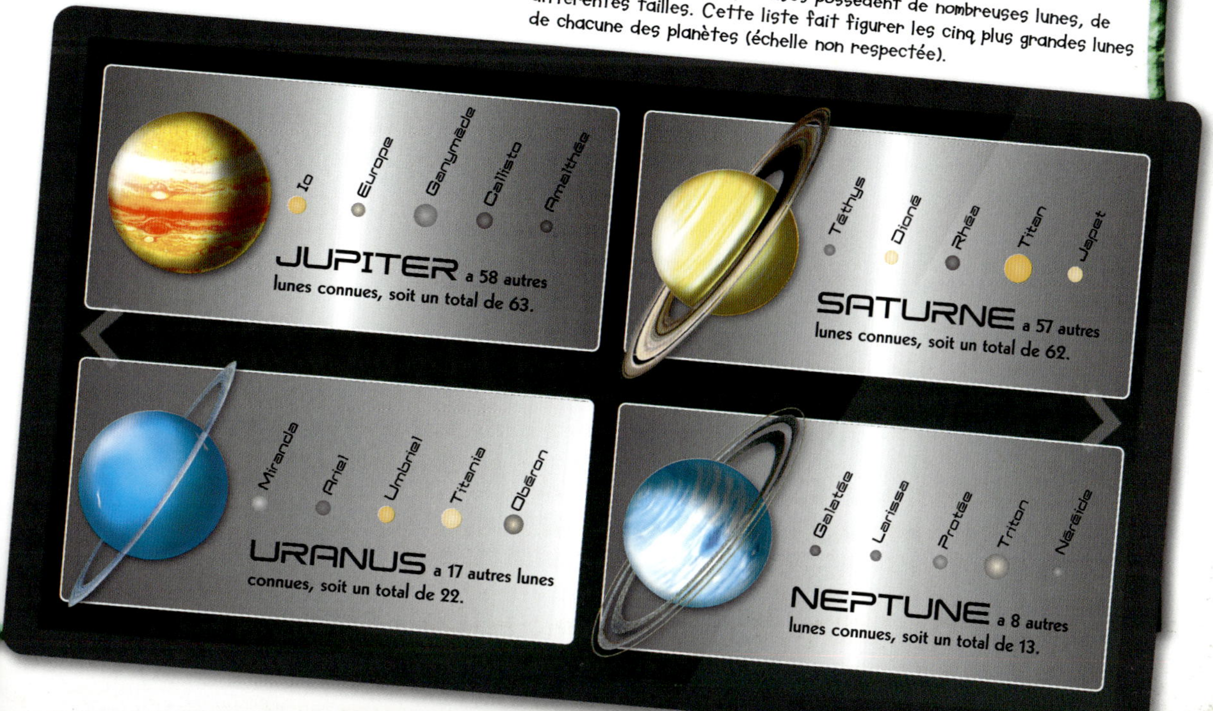

Et après ?

91 Le trajet des sondes vers les frontières du système solaire prend de nombreuses années. Ainsi, l'engin spatial américain New Horizons, lancé en 2006, devrait survoler la planète naine Pluton en 2015. Il est prévu qu'il soit ensuite dirigé vers d'autres petits corps célestes de la ceinture de Kuiper, dont Pluton fait partie.

92 Le long périple de New Horizons fut compliqué à planifier. Après avoir survolé l'astéroïde 132524 APL, la sonde s'est dirigée vers Jupiter, bénéficiant alors de l'aide gravitationnelle de la planète – sans laquelle le voyage aurait pu durer quatre ans de plus ! Après avoir observé les quatre lunes galiléennes de Jupiter, la sonde a entamé son long périple vers la minuscule Pluton.

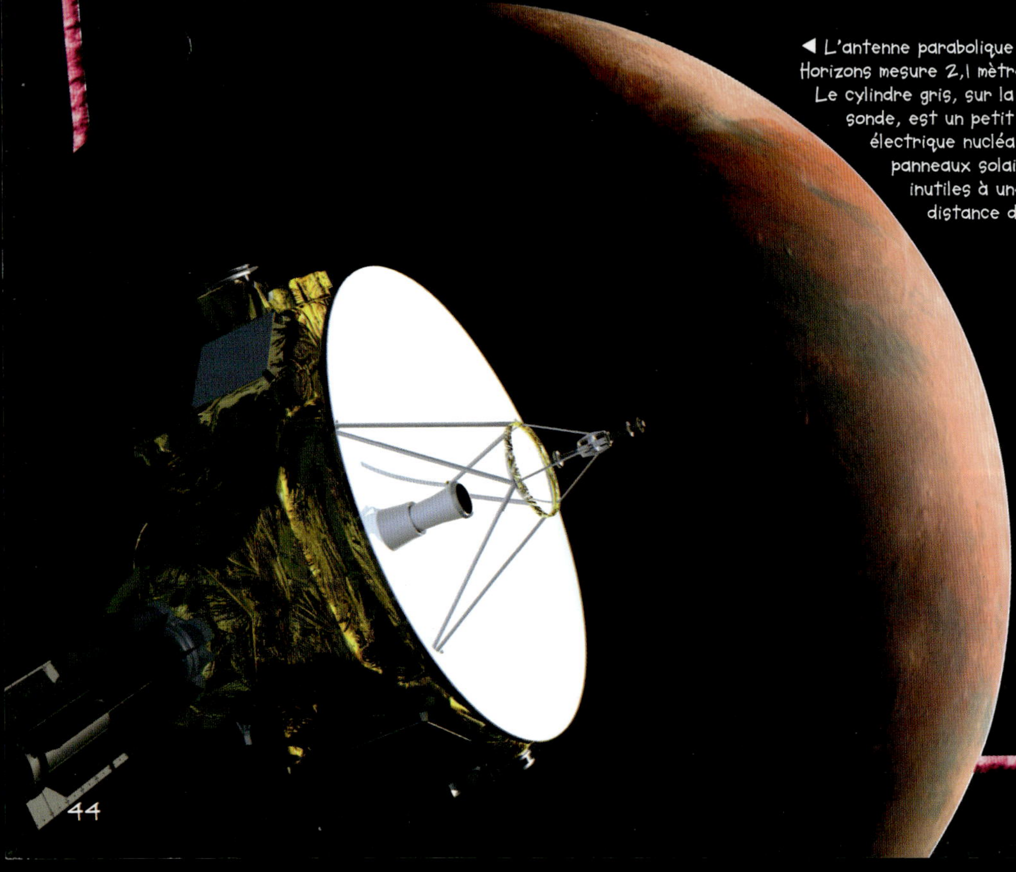

◀ L'antenne parabolique de New Horizons mesure 2,1 mètres de diamètre. Le cylindre gris, sur la gauche de la sonde, est un petit générateur électrique nucléaire, car des panneaux solaires sont inutiles à une telle distance du Soleil.

93 Des explorations majeures sont prévues pour les années à venir. Ainsi, la mission ExoMars lancera un orbiteur et un atterrisseur en 2016, et deux rovers en 2018. Ils chercheront des signes d'une vie biologique sur Mars. Lancée en 2014, la mission BepiColombo orbitera autour de Mercure et tentera de répondre à de nombreuses questions entourant encore cette planète.

◀ Lors de son périple de six ans, la mission BepiColombo survolera la Lune, la Terre et Vénus, avant de rejoindre Mercure qu'elle étudiera pendant un an.

▲ À l'aide d'une foreuse, le rover ExoMars prélèvera des échantillons du sol martien, qu'il transférera à son mini laboratoire intégré.

94 Que devient l'engin spatial au terme de sa mission ? Certains sont délibérément écrasés sur un astre, afin que l'impact puisse être observé depuis la Terre ou par une autre embarcation. D'autres brûlent à leur entrée dans l'atmosphère d'une planète ou d'une grande lune.

95 De nombreux engins spatiaux continuent de voyager dans l'espace et le feront encore pendant des milliers d'années. Lorsqu'ils ne sont plus alimentés en énergie, ils se mettent « en veille », soit posés à la surface de leur monde cible, soit à la dérive dans l'espace. L'engin le plus éloigné est Voyager 2, lancé en 1977. À ce jour, il a parcouru plus de 21 milliards de kilomètres et il continue d'être suivi.

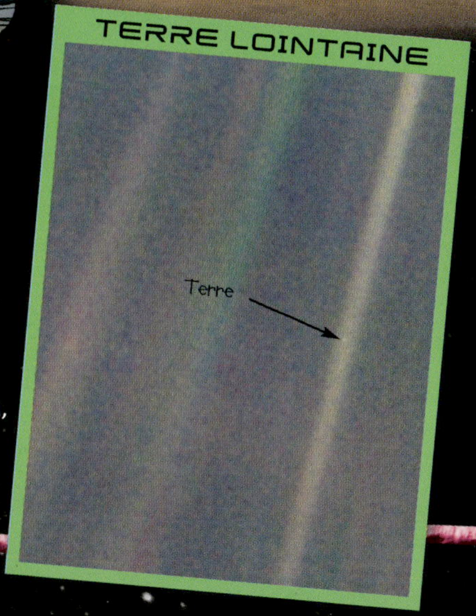

▶ Un point bleu pâle est le nom d'une photographie prise par Voyager 1, en 1990, à six milliards de km de la Terre, qui apparaît comme une tache minuscule.

Fictions spatiales...

▲ Adapté à l'écran en 1953, le roman *La Guerre des Mondes* de H. G. Wells relate une invasion de la Terre par les martiens, détruisant ville après ville. Toutefois, n'étant pas immunisés contre les maladies terriennes, les martiens finissent par mourir.

96 L'exploration spatiale a été un des sujets favoris des romanciers. Bien avant que l'on envoie les premières fusées, des théories existaient sur les voyages dans l'espace et les extraterrestres. *La Guerre des Mondes*, écrit en 1898 par H. G. Wells, est l'un des premiers romans sur le sujet.

◄ La mission du vaisseau spati Enterprise de *Star Trek* était « Explorer des mondes étrange découvrir de nouvelles vies, d'autres civilisations et, au mépris du danger, avancer vers l'inconnu. »

97 Dans les années 1950, au début de l'exploration spatiale, des rumeurs se sont élevées : des personnes affirmaient avoir vu des « soucoupes volantes » et des ovnis (objets volants non identifiés). Ces « apparitions » s'expliquent, pour la plupart, par les essais secrets d'avions ou d'engins spatiaux effectués par le gouvernement.

98 Les franchises cinématographiques *Star Wars* (1977–2005) et *Alien* (1979–2007) portent toutes deux sur des aventures dans l'espace. Ce genre a gagné en popularité en même temps que l'exploration spatiale devenait une réalité. L'univers de science-fiction *Star Trek*, créé dans les années 1960, regroupe des séries télévisées, des films, des romans et même des jeux vidéo.

99 **Dans l'avenir, les scientifiques pourraient découvrir une forme de voyage ultra-rapide utilisant des trous noirs et des trous de ver (tunnels à travers l'espace-temps).** Cela permettrait aux humains d'explorer des galaxies lointaines à la recherche de planètes habitables, semblables à la Terre, que l'on appelle planètes « Boucles d'or ». Comme le troisième bol de bouillie dans le conte pour enfant, les conditions de vie sur une planète « Boucle d'or » sont idéales. Pour le moment, aucune planète de ce type n'a été découverte.

QUIZ

1. Comment se nomme le roman de H. G. Wells racontant une invasion extraterrestre de la Terre ?
2. Que signifie « ovni » ?
3. Qu'est-ce qu'une planète « Boucle d'or » ?

Réponses :
1. *La Guerre des Mondes*
2. Objet volant non identifié ;
3. Une planète « Boucle d'or » est une planète habitable, semblable à la Terre, qui possède les conditions idéales pour que la vie humaine existe.

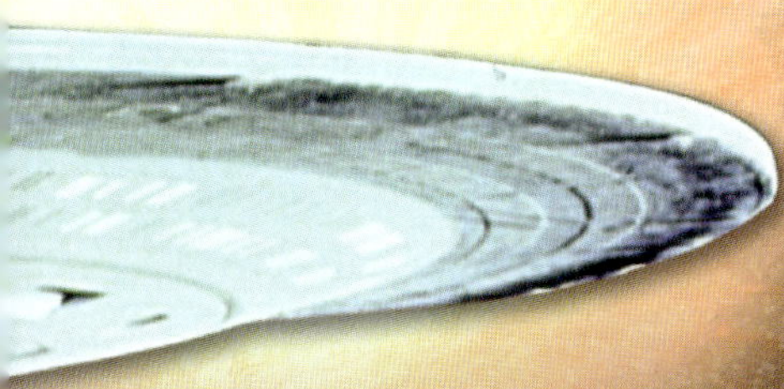

100 **Les ingénieurs en aérospatiale cherchent à réduire les temps de voyage dans l'immensité de l'espace.** Mais, pour cela, trois avancées scientifiques sont nécessaires : comment dépasser la vitesse de la lumière, comment propulser un véhicule sans carburant, et comment alimenter de tels engins. Qui sait ? Peut-être qu'un jour, nous pourrons visiter l'espace en une seule journée !

▼ Virgin Galactic proposera bientôt au grand public des voyages dans l'espace. Un billet pour un vol sur le SpaceShipTwo (ci-dessous) coûtera 200 000 dollars !

Index